文化和旅游政务

新媒体现状与趋势

王洪岩
周晓彤
著

山东画报出版社

济南

图书在版编目（CIP）数据

　　文化和旅游政务新媒体现状与趋势 / 王洪岩，周晓
彤著. -- 济南：山东画报出版社，2024.6. -- ISBN
978-7-5474-5009-3

　　Ⅰ. F592；D63-39

　　中国国家版本馆 CIP 数据核字第 2024N6599N 号

WENHUA HE LÜYOU ZHENGWU XINMEITI XIANZHUANG YU QUSHI
文化和旅游政务新媒体现状与趋势
王洪岩　周晓彤　著

责任编辑　梁培培　刘陆星
装帧设计　康　雪

主管单位　山东出版传媒股份有限公司
出版发行　山东画报出版社
　　　　　　社　　址　济南市市中区舜耕路517号　邮编 250003
　　　　　　电　　话　总编室（0531）82098472
　　　　　　　　　　　市场部（0531）82098479
　　　　　　网　　址　http://www.hbcbs.com.cn
　　　　　　电子信箱　hbcb@sdpress.com.cn
印　　刷　山东新华印务有限公司
规　　格　148毫米×210毫米　32开
　　　　　　7.25印张　150千字
版　　次　2024年6月第1版
印　　次　2024年6月第1次印刷
书　　号　ISBN 978-7-5474-5009-3
定　　价　68.00元

如有印装质量问题，请与出版社总编室联系更换。

目　录

第一章
滥觞：文化和旅游政务新媒体概述

在移动互联网生态环境下，政务公开和公众参与已经成为当下政府部门不可或缺的现实需求与常规功能。与此同时，文化旅游作为我国重要的新经济增长点，也日益受到政府和社会各界的重视。

文化发挥着引领风尚、教育人民、服务社会与推动发展的作用，旅游对国民经济和社会发展的带动力更加凸显，文化和旅游行业为全面建成小康社会提供了强有力的支撑。因此，在文旅产业中，推进"互联网 + 政务"的新媒体格局对提高政府工作效率、建设人民满意的服务型政府以及数字政府具有重要意义。随着互联网高速发展，新媒体传播优势日益凸显，为文旅产业发展提供了新的助推路径。

在"互联网 + 政务"背景下，全国文旅行业均应积极拥抱新媒体，发展以文旅类微信公众号、抖音、今日头条以及相关应用软件为代表的政务新媒体。全国文旅行业应构筑起专业化、全方位、立体化、多层级的新媒体宣传矩阵，引领社会与其他组织遵循网络潮流与传播规律，提高文化旅游传播能力，使之成为地方政府进行文化传播与服务群众的绝佳工具。

本章节将对文化和旅游政务新媒体（简称文旅政务新媒体）概念进行定义和范围界定，并详细介绍其主要特点和功能。重点探讨文化和旅游政务新媒体的优势，包括便捷快速获取信息、互动参与和沟通交流、个性化推荐和定制服务，以及数据分析和决策支持。同时，也会深入分析文化和旅游政务新媒体所面临的挑战，如安全和隐私问题、管理和维护成本、技术发展和更新换代等。

本章节还将探讨文旅类政务新媒体对政府和公众之间互动与合作的影响与作用。具体而言，将关注政府角色转变与公众参与度提升、文化旅游业态创新和发展等方面的问题。

第一节　定义和特征

随着互联网信息技术的迅猛发展，新媒体在政务领域的应用日益广泛。文化和旅游政务新媒体作为一种特殊类型的新媒体，以促进文化旅游推广、政府公共服务和互动沟通为主要目标，在推动地方政府公共事务和文化旅游行业发展中有着重要作用。同时伴随社会的发展和人们生活水平的提高，文化旅游产业在全球范围内呈现蓬勃发展的态势。政府在推动地方经济发展、保护文化遗产、促进旅游业增长等方面扮演着重要角色，而新媒体技术的快速发展为相关政务领域带来了新的机遇和挑战。

政务新媒体即政府机构、公共服务机构和具有真实公职身份认证的政府官员进行与其工作相关的政务活动、提供公共事务服务、与民交流和网络问政的新媒体平台。[①]文化和旅游政务新媒体是指利用互联网和新媒体技术，以文化旅游为主题，向公众提供政府部门与文化旅游领域相关的信息和服务的新型媒体平台。文化和旅游政务新媒体是中国政务网络体系的重要组成部分，以发布文化和旅游相关信息为主要目的，包括但不限于旅游活动、文化遗产、景区景点、旅游指南等。

2018年3月，中华人民共和国文化和旅游部批准设立，以此为标志，文化和旅游融合发展成为国家重大文化战略。

---

① 黄登.浅探"指尖上的政务"发展之路——以南宁政务新媒体为例［J］.传播与版权，2018（1）：96.

2020年，《中共中央关于制定国民经济和社会发展第十四个五年规划和二〇三五年远景目标的建议》提出，推动文化和旅游融合发展，建设一批富有文化底蕴的世界级旅游景区和度假区，打造一批文化特色鲜明的国家级旅游休闲城市和街区，标志着我国文化和旅游业进入了文旅融合发展的时代。

文化和旅游政务新媒体即新型主流媒体要做到站位更高，同时肩负意识形态安全、社会信任维系与社会纽带联结等功能，满足服务群众的基本需求，既要有公信力，又要有准度、速度、温度，生动展示本地的城市形象，实现文旅高质量发展。这对于文化和旅游政务新媒体来说是机遇也是挑战。

文化和旅游政务新媒体平台包括微博、微信公众号、抖音等。政府可以通过这些平台发布政策法规、项目计划、活动通知等内容，向公众传递政务信息；同时也能够提供景区介绍、旅游线路推荐、文化活动预告等内容，促进文化旅游的发展。

政务新媒体是新媒体时代政府的信息窗口、形象窗口和服务窗口。近年来，政务微信、微博发展迅猛，正在改变和影响着舆论格局、社会治理结构，成为区域影响力的重要元素。互联网的快速发展实现了政务信息的动态化，打破了固有时间和空间的限制，实现了政务信息文字、图片、视频的快速传播。

文化和旅游政务新媒体是政务新媒体的重要组成部分，可以从以下五个层面理解其概念。

一是发布主体层面，主要是各级文化和旅游政府机构。二是发布内容层面，主要为非涉密的文化和旅游公共信息，包括但不限于文化遗产、景区景点介绍，以及旅游攻略、文化活动预告等。三是发布的载体层面，包括在微博、微信、小红书、抖音等新媒体平台上开设官方账号、自主研发的 APP（应用软件）、官方网站和其他数字技术载体。四是发布的形式层面，主要包括音频、视频、图片、文字等，以受众喜闻乐见的形式进行展现。五是承载的功能层面，主要包括提供公共服务、推广旅游形象和构建叙事话语体系。

总而言之，文化和旅游政务新媒体是各级文化和旅游政府机构以受众喜闻乐见的形式发布文化和旅游公共信息、提供公共服务、推广旅游形象、构建叙事话语体系的各类数字技术载体。

第 52 次《中国互联网络发展状况统计报告》显示，截至 2023 年 6 月，中国网民规模达 10.79 亿人，互联网普及率达 76.4%，其中即时通信、网络视频、短视频用户规模分别达 10.47 亿人、10.44 亿人和 10.26 亿人。互联网已成为大众搜集信息、检索内容的主要途径。2018 年，国务院办公厅印发《关于推进政务新媒体健康有序发展的意见》指出，政务新媒体是移动互联网时代党和政府联系群众、服务群众、凝聚群众的重要渠道，是加快转变政府职能、建设服务型政府的重要手段，是引导网上舆论、构建清朗网络空间的重要阵地，是探索社会治理新模式、提高社会治理能力的重要途径。其中，文化和旅游政务新媒体既有政府的权威性，又与公众紧密相关，同一载体的两种特性呈现出丰富的内容。

文化和旅游政务新媒体是互联网时代政府部门创办的新媒体，它的崛起改变了我国的文旅新媒体结构，开启了我国文旅政府部门积极主动开展自我传播的新格局。要准确理解其定义与优势，除了要理解什么是文化和旅游政务新媒体，还要对其独有的特征进行分析。不能简单地将其等同于政务微博、政务微信公众号等。

文化和旅游政务新媒体有以下六个方面的主要特征：

1. 文化和旅游政务新媒体呈现出主流化特性，身份从边缘向主流转变

中国城镇化率已经超过 60%，对经济的拉动作用十分明显。近两年，淄博、哈尔滨旅游火爆后，多地文旅部门线上线下借势联动、相互引流，不仅增加了各地文旅产品的曝光度，还在全国文旅系统和文旅行业中形成了"现象级"传播话题，带动了网友和游客参与的热情，为探索旅游消费模式提供了实践经验，产生了良好的社会效益。

城市化发展规律决定了这一轮文旅产业带动的热潮，文化和旅游政务新媒体主流化与科技发展和社会需求密切相关。随着数字技术的不断创新，大众通过智能手机、平板电脑等便携设备获取信息已经成为常态，广阔的互联网空间和基础设施为文化和旅游政务新媒体的主流化提供了更广泛的传播渠道和更高的用户参与度。政府部门意识到文化和旅游在经济发展和社会繁荣中的重要性，积极推动数字化转型和新媒体应用。政府部门与新媒体平台合作，共同宣传和推广文化和旅游资源，提升文化软实力，助推旅游业的发展。科技进步、社交媒体的兴起、用户需求变化以及政府的支持与推动等因素共同促使文化和旅游政务新媒体主流化成为可能。新媒体平台通过创新，能够更好地满足用户需求，推动文化和旅游资源的传播和推广，促进文化和旅游产业的发展。

文化和旅游政务新媒体主流化是对用户新的需求变化的回应。公众通过新媒体平台了解更多独特的文化体验、旅游景点和政务信息。同时，各文旅政府部门可以对自己现有发展资源进行检阅和展示。

2. 文化和旅游政务新媒体的发展由野蛮生长向规范化演进

在数字时代，新媒体成为人们获取信息、交流和互动的重要渠道。文化和旅游政府部门也积极借助新媒体平台，开展内容传播、政务公开等工作。然而，随着各类社交媒体的兴起，虚假信息和低俗内容等问题也日益凸显。因此，规范化的新媒体运营显得尤为重要。

规范化的新媒体运营可以有效提升信息传递效果、促进文化旅游发展。维护信息的真实性和准确性可以帮助文化和旅游政府部门提供准确、真实的信息，增强用户对官方发布内容的信任，提高用户满意度。规范化运营将提升政务公开的水平，增进政务透明度，增加政府部门与公众之间的互动和沟通。

政府部门打造旅游网红城市是一个系统性的工程，更加需要规范化的监管和监督机制，确保良好的运营秩序。一些地方在追求流量的过程中有"唯流量论"的倾向，为了吸引注意力而生产"风险流量"，比如有媒体反映地方文旅"用力过猛"，"男女妲己""湘西赶尸"都出来了。文化和旅游政务新媒体应从审美心理、意识形态等领域进行审视，将敏感的、怪异的元素去掉。如果仅仅从文化心理和流量出发,有时对地方文化反而是一种糟蹋。

相关部门和机构要共同努力,加强内部管理,推动政策法规和行业标准的落实,加强监管和合作,共同构建规范化的文化和旅游政务新媒体运营体系,实现共赢和可持续发展。

3. 文化和旅游政务新媒体具有分享与种草特性

网络语"种草"是指通过分享和推荐来让另一个人对某样事物产生兴趣和喜爱的行为。在当今社交媒体充斥着各种信息和产品的时代,种草已经成为一种主流的传播方式和行为决策参考因素。

文化和旅游政务新媒体的种草性在推动旅游发展和提升游客体验方面发挥着重要作用。借助新媒体平台,政府部门可以通过内容创意、虚拟体验等方式,将城市的独特魅力和丰富文化推荐给大众,激发他们的探索欲望。互联网时代,人们越来越倾向在旅行前进行线上调研,以了解目的地的具体情况。文化和旅游政府部门意识到了这一趋势,并利用新媒体平台来种草游客,即通过各种创新的方式激发大众的兴趣和探索欲望。

与传统的广告宣传方式相比,种草更具有个性化和实时性的特点。在种草过程中,种草者可以根据不同的受众群体和关注点进行定制化的推荐,从而提高推荐的精准度。

同时，种草者也会积极解答其他用户可能存在的疑问和顾虑，以增强推荐的可信度和影响力。新媒体平台提供的种草内容，例如旅游攻略、景点介绍、当地特色活动等，可以激发游客的好奇心和探索欲望，促使他们选择旅游目的地。种草性的新媒体运营为游客提供了更多的旅游信息和体验，极大地推动了文化和旅游业的发展。

种草作为一种网络语言和行为方式，已经深入现代社会的消费决策和信息传播中。种草不仅影响了用户的购买决策，也改变了传统的广告模式和消费文化。比如，好客山东、武汉市文化和旅游局、济南市文化和旅游局等微信公众号都有明显的种草特性。又比如，打造"宠客"人设的哈尔滨紧紧抓住游客需求，不断推出满足南方游客的服务。网友调侃："尔滨，性别男，讨好型市格。"哈尔滨成为第一个拥有性别和人格的城市。这种种草行为，让全国各地的游客奔赴"冰雪世界"。

4. 文化和旅游政务新媒体具有内容的共创性

信息化时代，传统的社交媒体传播模式已经不再适应文化和旅游发展的需求。文化和旅游政府部门意识到与网友共同创造内容的重要性，通过各类新媒体平台实现了内容共创。这种共创模式不仅提升了网友的参与度和体验感，还为各省市建立了独特的品牌形象。

2023 年底，"尔滨"出圈，网友点赞，其他各地的文旅机构也"坐不住"了，纷纷使出浑身解数来宣传本地旅游产业。"江西锦衣卫""洛阳换飞鱼服""四川凌晨 4 点还在发视频"等话题纷纷登上热搜……继哈尔滨文旅火爆之后，全国各地的文旅也"卷"起来了。河南文旅也格外努力，不仅凌晨 2 点在平台更新短视频，还花样翻新地邀请全国网友前往河南旅游。从 2024 年 1 月 9 日开始，河南文旅抖音官方账号"河南省文化和旅游厅"一天发了二三十条视频，连续几天疯狂晒出自己的文旅资源，几天涨粉近百万，主打一个"量变总会引起质变"。

河北文旅在一天之内更新了 75 条抖音视频，被官方提醒"一口气发太多啦，先休息一下吧"。"卷王"也成为网友对河北文旅的爱称。对此，河北文旅称"75 条是抖音的极限！不是'河北文旅'的极限"。网友戏称："衡水模式的风终究是吹到了'河北文旅'的身上。"通过与网友共同创造内容，政府部门可以激发网友的创造力，提高他们的参与感，并为本省市建立独特的品牌形象，从而实现双赢。

5. 文化和旅游政务新媒体具有信息的融合性，从而获得智慧化发展与优质服务的双赢

这种融合性在推动发展智慧旅游和提升服务质量方面

发挥着关键作用。通过整合各类信息资源，政府部门可以打造智慧化的文化旅游管理系统，并提供个性化、精细化的新媒体政务服务。

数字化催生文旅融合新体验。随着文旅消费提质升级，数字化技术开始解锁越来越多新兴的文化和消费场景，丰富着大众智慧旅游的全新体验。文化和旅游政府部门正积极探索运用新媒体实现信息的融合性，以提升旅游发展水平和服务质量。文化和旅游政府部门融合各类信息资源，能够构建智慧化的旅游管理系统，为大众提供更加便捷、舒适的旅行体验。例如，整合文化遗产、旅游景点、交通、住宿、餐饮、购物等多种信息资源，提供全面的旅游信息服务，帮助游客快速了解目的地的各种资源和特色。通过信息融合，政府部门建立智慧化的旅游管理系统，实现游客信息的数字化管理、旅游活动的智能化组织和资源的科学调配，提升旅游管理的效率和水平。数据共享与互通使得政府部门能够更好地了解游客需求和反馈，从而让政府部门提供个性化、精准化的旅游服务，提升服务质量，满足游客多样化的需求。

数字技术不仅为文旅业带来了产品和服务的升级，更激发了无限创意，并逐渐打破了产业间的边界。文旅新场景、跨界新业态与科技新互动不断更新，跨界合作呈现出文化和旅游政务新媒体的巨大潜能。在文旅一体化背景下，文旅产业与各行业之间的跨界融合、联动发展越来越得到消费者热捧。

6. 文化和旅游政务新媒体具有信息的易用性

随着人们对旅游的需求增加，文化和旅游政府部门积极探索如何提升新媒体信息的易用性，即实现信息的即时性与可重复性，以提供更好的旅游服务。通过优化界面设计、引入智能化技术，政府部门可以实现信息的简洁易懂、查询和操作的便捷，让大众随时获得最新的文化和旅游信息，并能够重复访问和利用这些信息。

在信息时代，即时性和可重复性成为用户对新媒体信息的基本期望。政府部门应重视提升新媒体信息的易用性，让游客能够随时获得最新的文化和旅游信息，并能够重复访问和利用这些信息。活跃的社交媒体互动促进了信息的即时传递和反馈，方便的信息保存和查找功能让大众能够方便地保存和重复访问需要的文化和旅游信息。同时，个性化推荐也能使政府部门了解用户的偏好。

第二节 主要表现形式

文化和旅游政务新媒体的兴起和发展，为政府与公众之间的沟通和合作提供了全新的平台和机遇。随着科技的进步和社会的发展，各种新媒体形式不断涌现，为政务传播与文化旅游的融合带来了许多创新的可能性。本节旨在深入探讨文旅类政务新媒体的主要表现形式，并剖析其在政务文化传播和旅游推广中的前沿应用。

随着科技的发展，新媒体平台和新媒体主要表现形式更新速度加快，这对政府的服务能力提出了挑战。新媒体时代，传统传播方式发生变化，多媒介融合传播模式构筑了新的传播环境。当前，文化和旅游政务新媒体在推进政务公开、优化政务服务、凝聚社会共识、创新传播手段方面取得了较好成效。但同时，一些文化和旅游政务新媒体还存在功能定位不清晰、服务不完善等问题，对本地城市形象和文化旅游传播造成不良影响。如何提升文化和旅游政务新媒体传播效能，进而不断提升传播力，成为政府部门一项无法回避的重要课题。因此，了解与掌握文化和旅游政务新媒体的主要表现形式尤为重要。

政府部门和旅游景区等文旅机构可以通过建设官方网站和移动端应用程序，提供在线预订、在线支付、景点导览、游记分享等功能，提高服务质量和提升游客满意度。也可以通过社交媒体，如短视频平台发布宣传片等内容，吸引更多的用户关注和参观，与用户进行互动，回答问题、解决问题，增加用户黏性和忠诚度。

目前，文化和旅游政务新媒体的主要形式包括以下几种：

1. 官方网站的重要性与演变

官方网站作为最早出现的政务新媒体形式之一，在政府部门与公众之间扮演着重要的角色。从静态信息发布到互动交流的转变，它成为政府向公众传递政策、法规和提供服务的重要窗口。政府通过官方网站向公众发布政策、法规、通知等重要信息，提供及时、准确的政务资讯。

随着科技不断发展和社会需求的变化，官方网站也经历了演变，逐步具备了互动交流、响应式设计、移动端优化、多媒体内容丰富、数据开放、透明度提升等特点。在文化和旅游领域，其重要性仍不可忽视。官方网站作为文旅机构与公众之间的桥梁，担负着许多关键功能和责任，对于促进旅游业的发展和文化交流起着重要的作用。

首先，官方网站是公众获取准确、全面信息的重要来源。官方网站提供了旅游景点的介绍、文化活动的信息、旅游线路的推荐等，使公众能够事先了解并制订旅行计划。

其次，官方网站在宣传推广旅游和文化资源方面发挥着重要作用。旅游景点和文化活动在官方网站上得以展示和推广，网站上的图片、视频和文字介绍可以激发公众的兴趣，让他们对目的地产生好奇心。同时，官方网站还可以提供相关的推荐和评价，增加公众对旅游和文化体验的信心。

最后，官方网站在资源整合和服务方面发挥着关键作用。官方网站可以整合各类旅游和文化资源，为公众提供全方位的体验。公众通过在线预订、交互式地图和旅游攻略等服务，规划行程、预订门票和获得导航指引。

总的来说，官方网站的重要性不仅体现在信息的传递和服务的提供，更在于它作为一个平台，连接了政府、企业和公众，促进了文化和旅游业的发展。通过不断创新和改进，官方网站将继续发挥重要作用，为公众提供更好的旅游和文化体验。我们通过以下成功的官方网站案例，可以窥见其在文旅政务传播中的重要性和影响。

中国国家博物馆网站（www.chnmuseum.cn）作为国家级重要博物馆的官方网站，提供展览信息、教育活动、文化遗产保护等相关内容，通过线上展览和其他数字化资源的呈现，向公众传递丰富的文化遗产知识。以下是对中国国家博物馆官方网站在文旅政务传播中产生的影响力所进行的分析。

第一，中国国家博物馆官方网站承载着向公众展示中国丰富文化遗产的使命。网站上的展览、藏品介绍、研究成果等信息，向公众展示了中国悠久的历史和丰富的文化遗产，促进了文化遗产的保护和传承。第二，作为国家级重点博物馆，中国国家博物馆塑造了国家形象，展示了中国丰富的文化和艺术，提升了国际影响力和声誉。第三，中国国家博物馆作为一个独特的旅游目的地，吸引了大量的国内外游客，实现了旅游推广和经济发展的需求。中国国家博物馆官方网站提供了详细的参观信息、展览预告和在线预订服务，为游客提供了便利，推动了旅游业的发展，带动了相关产业的繁荣。第四，通过展览、学术研究和文化交流活动等方式，积极参与国际文化交流，是文化交流与对外交流的重要桥梁，促进了不同文化之间的对话和理解，加强了国际的友好关系。第五，通过在线教育资源、虚拟展览和互动等方式，为公众提供了学习和参与的机会。这些内容和活动不仅提升了公众的文化素养，也对社会产生了积极的影响，推动了文化的传承和创新。

在官方网站的发展过程中，全国各地市文旅部门为满足公众的精神文化需求，提供了准确有益的引导与服务，助力文旅产业发展。比如，苏州市文化广电和旅游局官方网站（wglj.suzhou.gov.cn）致力于推广苏州市的旅游资源和文化底蕴，提供景区介绍、旅游线路规划、特色活动等信息，帮助游客了解苏州的旅游景点和文化特色；上海市文化和旅游局官方网站（whlyj.sh.gov.cn）涵盖了上海市的文化艺术、旅游等方面的内容，提供上海市各类文化活动，同时推出在线导览和虚拟展览等服务。文旅官方网站是多媒体内容的集成平台，不仅为文化和旅游传播提供了一个延伸的传播渠道，更重要的是由于网络传播的多媒体融合性，文旅官方网站更是跨平台信息传输的枢纽。

2. 社交媒体平台的崛起与特点

社交媒体平台的崛起为文化旅游传播带来全新的可能性。微博、微信、抖音等社交媒体平台在文化旅游推广中有独特的功能和特点。文化和旅游政务新媒体在社交平台的应用，充分展现了社交媒体平台的互动性、即时性。

社交媒体平台的崛起为文化和旅游政务新媒体发展带来了革命性的变化，它成为政府与公众之间直接互动和信息传递的重要渠道，同时又拥有庞大的用户基础，实现广泛的文化旅游推广效果。其具备用户广泛、即时性、互动性、用户生成内容等特点，促进了文化旅游产业的发展。

以下是社交媒体平台及其在文化和旅游政务新媒体发展过程中呈现的特点：

微博作为中国领先的社交媒体平台，以短文、图片和视频为主要内容形式。政府部门等可以通过微博发布政策解读、旅游推广、活动信息等，与用户进行直接互动。用户通过评论、转发等方式与之进行互动，实现信息的双向传播。

微博作为文化和旅游政务新媒体主要平台之一，可以触达更广泛的用户群体。这使得微博成为政务传播和文化旅游推广的重要渠道。例如，文旅部门通过微博发布旅游景点介绍、旅游线路推荐等内容，吸引用户关注并激发旅游兴趣。同时，通过微博平台进行互动，回答问题、提供旅游建议，增加用户对旅游目的地的了解和信任度。微博的广泛用户群体和便捷的分享功能使得文化旅游信息能够快速传播，提高了旅游目的地的知名度和吸引力。

因微博便捷的分享功能，用户可以通过转发、@他人等方式将感兴趣的政务信息和文化旅游内容分享给自己的粉丝和朋友，进而扩大信息的传播范围。这种便捷的分享和传播机制有助于政务类文化旅游信息的快速传播和推广。

随着移动互联网进一步发展，微信成为重要的社交媒体平台。文旅机构开始逐步创建公众号，向订阅用户提供定制化的文化旅游资讯与服务，同时还可以借助微信支付等功能实现用户的在线预约和支付。

微信作为当前迅捷的信息传播工具以及功能强大的社

交平台，与文化旅游业具有天然的亲近基因。微信平台具有相对封闭、社交功能强大、真实有效的关系链、口碑性传播等特点，这些特点与文旅业所追求的数量庞大的时尚用户、消费者靠口碑传播等特点不谋而合。因此，各省市文化旅游政府部门在微信上创建了专门的文化旅游公众号，用于推广文化旅游资源，发布本地旅游景点、旅游政策等内容，为公众提供相关信息；微信公众号还可以及时发布应急信息，如天气变化、旅游路线封闭等，提高了公众的旅游体验和安全感。

在传统媒体时代，政府机构只是信源，而在社交媒体时代，文化和旅游政务微信平台具有双重身份——信源和媒体。文化和旅游政务微信平台宣传各类文化旅游活动，如文化节、艺术展览、音乐会等信息，真实、准确、及时，并以此展现政务平台的权威特性；同时，文旅类政务新媒体又遵循了平台传播规律，通过有趣、有用、可靠的策划发布相关文章、视频、互动问答等内容，吸引用户的关注和参与，最终使文旅类微信平台成为精准的、个性化的营销平台。

综上所述，微信平台在文化和旅游政务新媒体中扮演着重要的角色。它为文旅机构提供了一个有效的传播渠道，可以传达政务信息、推广文化旅游资源、提供导览和教育内容，同时也能够提供互动，提高用户的参与度和满意度。

近年来，济南市文化和旅游局高度重视新媒体建设，整合微信、微博、抖音、今日头条等15个新媒体资源建成新媒体矩阵，以联动传播、矩阵化手段创新开展新媒体公共服务与城市品牌营销推广，成效显著。近几年，其微信公众号在全省市级文旅管理机构微信影响力指数排行榜名列前茅。

抖音作为一款短视频分享平台，迅速赢得很多人的喜爱。文化和旅游政务新媒体也由最开始的"两微一端"向短视频平台迁移。由于各平台特色不同，政务短视频内容的制作逐步朝着垂直化、精细化方向发展。政府部门等可以通过有创意的短视频内容吸引用户的关注，展示政务成果和旅游资源，提升影响力。如今，文化和旅游政务新媒体不仅是政府部门触及大众的主要渠道，也成为政务管理水平的量化考核指标之一。短视频平台流量属于"集中制"，网络流量均控制在平台手中，平台依靠人工智能技术根据内容的不同进行精准推送。另外，社交媒体的分享属性、参与属性所带来的裂变效应，也造就了一批网红城市，在提高城市知名度的同时，也为地方经济发展带来了实实在在的助力。因此，抖音平台已成为地方文旅部门争夺关注度的战场。

在传统媒体相对式微的背景下，以互联网为基础的新型网络媒体是文旅业进行宣传、调研、评价的主阵地。恰当的分享方式甚至能带动某个地区阶段性的旅游兴盛，如2021年在抖音走红的"泉城广场"和"济南郁金香"。济南郁金香是名副其实的"网红"，一"出道"便在各大社交平台稳占核心位置。在小红书社交平台搜索"济南郁金香"，相关笔记多达上万篇。在抖音平台，带有"济南郁金香"话题的视频播放量上千万次，可见社交媒体平台已成为文旅政务信息传播新阵地。

新媒体时代的特点之一是"快速"，文化和旅游政务新媒体要想在这样的背景下尽可能创造价值，不仅要在庞大的数据流中争抢用户的时间，还要扩大信息的流通渠道，缩短信息传递时间。文化和旅游政务新媒体要善于总结和利用新媒体传播规律，结合公众需求偏好，优化内容生产，这就要求发布的内容既要真实、准确、权威，也要亲民。济南市文化和旅游局紧跟时代脚步，在抖音平台打造爆款短视频。2021年，济南市文化和旅游局依托6大短视频平台发布2000余个短视频，收获播放量3.8亿次，点赞708万次，其中，"奔跑吧济南"系列短视频累计播放量625万次，点赞9.5万次；"章丘打铁火树银花"短视频播放量

300 万次，点赞 15 万次；"姐弟情深"正能量短视频播放量 960 万次，点赞 37 万次。

3. 移动应用程序的创新与应用

在文化和旅游政务新媒体领域，移动应用程序扮演着重要的角色，能够提供更加多样的服务。比如，政务服务平台 APP 为用户提供了各种政务服务，包含办理证件、缴纳税费、查询行政手续等，它们通常与政府机构合作，提供便捷的在线申请和快速审批流程；旅游导览 APP 为游客提供目的地的详细信息和导览服务，通常包括旅游景点介绍、交通指南、餐饮住宿推荐、旅游路线规划等功能，帮助游客更好地了解和体验当地的旅游资源；文化遗产保护 APP 致力于保护和传播文化遗产，提供关于历史遗址、博物馆和艺术品的虚拟展览和解说，让用户可以通过移动设备来了解世界各地的文化遗产；公众参与类的 APP 鼓励公众参与政务决策和社区事务，用户可以在平台上发表意见、提出建议、参与民意调查和投票活动；智慧旅游 APP 结合了智能科技和旅游资源，为用户提供个性化的旅游推荐和定制服务，例如，利用人工智能算法，为用户提供定制的旅游路线、景点推荐和行程安排，提升用户的旅游体验。

相较于其他平台，政务类客户端的功能更加多样，能够为用户提供更加全面、深度的服务。例如，上海"文化云"是上海市文化和旅游局推出的 APP，为用户提供了上海各类文化活动，包括博物馆展览、艺术演出等信息。用户可以在线预订门票、参与线上文化体验和互动；"雄安文旅"是雄安新区政府部门推出的 APP，提供了雄安新区的旅游景点介绍、旅游线路规划、景点导览等服务，同时，还结合了 AR（增强现实）技术，提升了用户的旅游体验。这些案例展示了文化和旅游政务新媒体 APP 在不同地区的应用，都为用户提供了更便捷、个性化的服务，推动了文旅政务的数字化转型和创新发展。

为深入贯彻落实《"十四五"旅游业发展规划》，按照"加快推进以数字化、网络化、智能化为特征的智慧旅游，深化'互联网+旅游'，扩大新技术场景应用"的要求，四川省文化和旅游厅以服务公众和满足游客需求为切入点，以打造四川智慧文旅生态体系为核心，建设了四川省"智游天府"文化和旅游公共服务平台。平台于 2020 年 9 月 25 日上线，运行以来为四川省文旅数字化创新发展提供了良好助力，截至目前，"智游天府"平台注册用户已近 100 万人。平台以"数字产业化、产业数字化、数字化治理"为主线，以"管用、实用、好用"为原则，按照"一中心、三板块"的顶层规划，开展了四川文旅大数据中心、综合管理板块、宣传推广板块和公共服务板块的建设。

"智游天府"平台充分运用云计算、大数据、物联网等新一代数字技术，以文旅行业领域的关键共性技术能力建设为核心、以文旅行业信息化应用为重点，构建并形成了开放互联、共生共赢的文旅数字"新基建"。

相关部门通过建设文化旅游云数据中心，统一纵向、横向数据接入标准规范，建立文旅数据编目、编码规范等相关标准体系，汇集各方数据资源，初步实现了全川文旅数据大融合。具体来说，在纵向上，连接各级文旅企事业单位运行数据，形成省—市（州）—县（市、区）和企业有机联动；在横向上，整合公安、交通、气象等相关部门文旅数据，实现文旅数据互联互通。文旅大数据中心有效解决了以往数据交换共享的堵点、痛点、难点，为提升日常文旅行业运行监管水平、增强文旅资源适配能力、科学引导文明消费、持续改善宣传推广精准度、辅助应急指挥调度等提供了精准的数据支撑。

"智游天府"成为政府"综合管理"的新助手。平台基于技术中台的统一数字身份体系构建了协同办公系统：通过工作流引擎实现机关公文、事务等流程化管理和上下协同，通过"微服务"架构实现新增业务管理系统的集成与扩充，满足机关政务一体化的管理需求；通过集成企业诚信监管、旅游团队监管、旅游投诉管理、旅游执法等系统，提高了全省文旅行业的智慧管理和网络舆情监测水平；通过大数据分析，辅助决策研判，畅通投诉、咨询和应急救援通道，提升应急处置能力；通过对接全川 1000 余家 A 级旅游景区和文博场馆，实现了全省产业运行情况的"可观""可管"，同时通过考核、通报、排名、晾晒，有力促进了各级主管部门行业监管意识和能力的提升。

"智游天府"成为便民惠民的文旅"公共服务"新平台。一方面，作为四川省政府持续推进"放管服"改革工作的重要抓手，"智游天府"平台实现了政务信息资源共享和业务协同，让"数据多跑路"，让"企业少跑腿"，为全省文旅市场发展构建了良好的环境。另一方面，平台以一站式公共服务为核心，通过 APP、小程序、微信公众号等方式，为公众提供景区、酒店、文博展览、文艺演出、在线直播、特色产品、精品线路、评论分享、投诉举报、志愿者服务、研学旅行等 30 余项服务。例如志愿者服务系统，采用线上 + 线下相结合的方式，为文旅志愿者提供方便快捷的注册方式和更广泛的活动参与渠道。截至目前，全省注册在线的文旅志愿者达 11.7 万名，志愿者团队 2887 个，已开展的志愿活动达 4152 个。同时，系统还通过发布志愿者积分排名、生成荣誉证书等方式，提高志愿者的参与积极性。

4. 短视频与虚拟现实技术（VR）的融合

短视频和虚拟现实技术的迅速发展，为文化和旅游政务新媒体带来了全新的视觉体验和沉浸式互动。短视频和虚拟现实技术的融合是文旅类政务新媒体领域的一个重要趋势，可以为用户提供更加生动的文旅体验。

短视频是一种以短时长视频片段为展示内容的媒体形式，具有简洁、直观、易于接受等特点，广受用户欢迎。在文化和旅游政务新媒体中，短视频可以进行景点介绍、文化推广、政策宣传等内容的展示。

虚拟现实技术是一种模拟创造出逼真感的数字环境，用户可以通过佩戴 VR 头显或使用 AR 设备在虚拟世界中进行互动体验。在文化和旅游政务新媒体发展过程中，短视频与虚拟现实技术的融合可以带给用户更加身临其境的旅游和文化体验。

通过短视频和虚拟现实技术的结合，文旅机构可以呈现更加生动、立体的景点介绍和文化展示。用户可以通过观看短视频，了解景点的历史背景和文化内涵。用户利用虚拟现实技术，如同亲临景点，可以与虚拟环境进行互动，如在虚拟的古城中漫步、参观博物馆的虚拟展览等。

这种融合形式为用户提供了更加身临其境的旅游体验，能够吸引更多人参与其中。政府部门也可以利用短视频和虚拟现实技术的融合形式，向公众传递政策信息，增加公众对政府工作的理解和参与度。

短视频与虚拟现实技术的融合是文化和旅游政务新媒体领域创新发展的一部分，有助于提升用户体验、促进旅游业发展和政府工作的数字化转型。后续的章节将探讨文旅机构如何通过短视频与虚拟现实技术的融合打造更加真实和引人入胜的旅游体验。同时，还将分析这些新技术在内容创作、品牌推广等方面的应用。

虚拟现实技术是元宇宙的技术基础，元宇宙产业的兴起又进一步推动了虚拟现实技术的发展，使得虚拟现实技术与行业融合应用向全面深化方向发展。在媒体融合纵深发展的大背景下，虚拟现实技术与各行业的融合应用逐渐深化，推动了新闻传播及网络视听业态更新，推动新闻向虚实互动、沉浸式体验、实时交互等方向发展。

互联网时代向更高阶段发展，不仅实现了从"赛博空间"转向全时空连接的数字化语境，从中心化发散型传播模式转向"去中心化"网状节点传播模式，传受关系也从被动单向向互动双向模式转变。这些传播关系的变革成为文化和旅游政务新媒体的传播基础。

此外，互联网时代为文化和旅游政务新媒体传播创造了更多条件。青年为主体的用户群体带来更广泛的传承力量，社交为导向的社群传播带来多层次、多维度的强传播力，数据为核心的技术支持带来更全面和准确的科技支撑，移动媒介下的场景革命带来更丰富、广阔的传播空间。同时，文旅元素也在数字化传播过程中实现了现代重塑。

5. 其他创新形式的探索与实践

文化和旅游政务新媒体还不断涌现出其他创新形式和前沿的新媒体形态，如直播互动、个性化推荐、跨平台整合、人工智能助手、智慧导览等。

直播互动：直播技术被广泛应用于文化和旅游政务新媒体中，文旅机构可以通过直播平台推出实时的文化活动、景区导览等内容，与用户进行互动交流。用户可以通过弹幕、评论等方式参与，有一种互动体验感。

个性化推荐：利用大数据和人工智能技术，文化和旅游政务新媒体 APP 可以根据用户的兴趣、偏好和历史行为，提供个性化的推荐服务。例如，基于用户的浏览记录和地理位置，推荐符合其兴趣的旅游景点、文化活动和政务信息，提升用户体验感和满意度。

跨平台整合：为了更好地满足用户多样化的需求，文化和旅游政务新媒体可以将多个平台进行整合，实现无缝连接和互通。文旅机构可以将内容同时发布在官方网站、社交媒体等平台上，让用户在不同的渠道上获取信息，并提供流畅的服务体验。

人工智能助手：引入人工智能助手，如智能语音助手和聊天机器人，可以为用户提供智能化的服务。用户可以通过语音指令或文字交互与 AI（人工智能）助手进行对话。这种形式增强了用户体验的便捷性和个性化。

智慧导览：结合定位、导航和 AR 技术，文化和旅游政务新媒体可以开发智慧导览系统。用户可以通过手机 APP 或 AR 设备，获得景区的导览信息、路线规划和实时导航。

通过探索和实践这些创新形式，文化和旅游政务新媒体不断适应用户需求的变化，提供更具个性化、丰富多样的服务。同时，这些创新形式也推动了文化和旅游领域的数字化转型和可持续发展。

5G 网络作为文化和旅游场景的数字化基础设施，为相关应用提供"信息高速公路"，同时也成为文旅创新应用的"土壤"。随着产业发展，VR、AR、4K/8K 超高清视频等技术将助力文旅元宇宙的构建，孵化出更多的文旅应用场景，不断为游客带来全新体验，促进文旅产业实现高质量发展。在政策支持、技术创新、消费升级的大背景下，"5G + 文旅"会有更大的发展空间。下一步，要推进文化和旅游场景 5G 新基建，鼓励引导企业对文化馆、旅游景区等重点区域建设提供支持，有序推进智慧剧场、智慧景区、智慧图书馆、数字博物馆等场馆建设，提升文化和旅游场景数字化的硬件支撑水平。

文旅机构要深耕文化和旅游资源数字化转化和应用，依托各具特色的文化和旅游资源，以数字技术和文化创意赋能文旅资源转化为可传播、可分发、可交易的数字内容；推广基于文化和旅游内容的智能互动等应用产品；发展智能导览、智慧预约、客流监测管理等数字服务；打造数字文旅特色 IP。同时，要激发文化和旅游消费活力，运用数字技术细分市场、精准营销、精确匹配消费需求，以大数据等技术手段掌握分析消费需求，打造智能化、定制化、多样化的文化和旅游产品，来满足消费者多层次、个性化的文化和旅游需求，建构充满活力的文旅消费生态体系。

第三节 发展现状

新媒体是指以计算机技术为基础，可以在数字化、网络化和智能化环境下进行交互和传播的媒体形式，其发展离不开互联网技术的推动。互联网的出现使得信息的传播变得更加便捷和快速。移动互联网技术的发展不仅改变了人们获取信息的渠道和交流的方式，而且对文旅行业产生了深刻的影响。

新媒体作为传统媒体的补充，在文旅领域发挥着越来越重要的作用。本节将探讨文化和旅游政务新媒体的发展现状。其发展可以追溯到 2016 年，由国家发展和改革委员会牵头、国家工业和信息化部参与制定的"互联网+"行动计划，要求各级政府部门和单位建设一批政务新媒体，旨在维护政府的信息发布和增强宣传效果，提升政府形象和公众满意度。

随着时间的推移，政务新媒体的性质和功能逐渐发生了变化。一方面，政务新媒体逐渐成为政府信息发布和宣传的主要工具，拓宽了政府信息发布的渠道并提高了发布效率；另一方面，政务新媒体也为公众提供了更多的信息，改变了公众获取信息的途径和方式。

传统的文旅政务传播主要采用报纸、广告、电视等媒体形式。但是这些方式存在着信息传播效率低、传播范围有限、互动性不强等问题。为解决这些问题，政府机构和旅游景区开始采用新媒体进行传播。新媒体发展使得文旅政务传播不再受限于地域，政府、企业与大众进行互动更加便捷，从而提高了用户满意度和忠诚度。

近年来，数字化时代的到来、公众需求的变化等因素共同促进了政府与公众之间更加高效、便捷、互动的信息

第一章 滥觞：文化和旅游政务新媒体概述 \033

交流。随着信息技术的快速发展，人们获取信息和互动交流的方式发生了革命性变化，这为政务新媒体提供了广阔的发展空间，使政府能够更加高效地传递信息和与公众互动。新技术的不断涌现和应用推动了文化和旅游政务新媒体的发展，例如大数据分析、虚拟现实等技术的应用，使得政府能够更好地理解公众需求，实现精准推送和个性化服务，提升了信息传播的效果和互动体验。

文旅政府机构将现代管理和新闻传播的理念融入文化和旅游政务新媒体后，不仅仅将它当作一个传播工具，而是将其升级为一种全新的管理和服务模式。长期以来，新闻传播的权力集中在官方新闻媒体从业人员手中，但新媒体的广泛发展打破了这一传播壁垒，非专业新闻机构的人也可以从事新闻的创作、传播和评论，这也是新媒体环境下"人人皆是记者编辑""平台即媒体"的传播特点。文化和旅游政务新媒体便是在这种环境下应运而生的。同时，文化和旅游政务新媒体的表现形式和传播功能随着互联网信息技术的发展而发展。

在传统媒体时代，官方机构借助报纸、杂志等实现信息传播和学习交流。到了新媒体时代，原有的政务媒体无法适应新环境，更无法实现高质量的对外传播。官方机构开始涉足新媒体领域，通过在社交平台注册账号，建立了拥有自主管理权限的政务新媒体，承担起官方新闻发布和民生服务的职责。

文化和旅游政务新媒体本质上是一种自媒体，大多依托于社交媒体而存在，具有信息发布的自主权。因此，可以将文化和旅游政务新媒体定义为：以官方机构为注册主体，借助互联网技术和社交平台而形成的，以信息发布和公共服务为主要职责的自媒体形式。作为一种特殊的自媒体，文化和旅游政务新媒体与企业新媒体、个人自媒体具有明显的差别。

《"十四五"旅游业发展规划》提出，创新国内旅游宣传推广体制机制，推进现代化、市场化、专业化运营。如今，微博、微信、抖音等新媒体平台成为大众发布和接收信息的重要渠道。对此，我国各省市文旅政府部门利用这些新平台开始了文化和旅游政务新媒体的建设，开设服务账号，形成矩阵式的传播结构。由于各平台特点不同，文旅政务服务的类型、方向也各有差别。

微博是发布政务短资讯的主要平台。文化和旅游政务微博从一个新兴产品变成了大众广泛接受的政务产品。它有较强的交互性，大众通过微博反映文化和旅游类的相关问题，文化和旅游政务微博运营人员根据大众反映的问题及时予以回复。微信公众号是政府舆论引导的主要阵地，小程序提供便捷的政务服务。

相较于微信而言，政务客户端的功能更加多样，能够为用户提供更加全面、深度的服务。文旅类政务客户端不仅能够实现信息的传播，还能够满足大众多样化的需求。客户端由于体量优势，能够承载更多的服务功能，例如费用缴纳、服务预约、路况查询等，已成为文化和旅游政务新媒体矩阵的重要组成部分。

现如今，短视频平台已成为文旅政务信息传播的新阵地，作为网络流量的集中地，特别是以抖音、快手为代表的"第一梯队"更是占据了流量的"半壁江山"。以抖音、快手为代表的短视频平台依托强大的人工智能技术，能够帮助文旅类政务信息实现精准传达，有效提升文旅信息的传播效率。

综上所述，文化和旅游政务新媒体的发展现状呈现以下特征：

1. 平台多元化

文旅机构在各种在线平台建立了自己的官方账号，如微信、微博、抖音、快手、哔哩哔哩、YouTube 等。文化和旅游政务新媒体紧密衔接新媒体技术和各类社交平台的创新，从官方网站和政务微博时代起便不断扩容传播形式，已经搭建起全方位的传播体系。在多样化的传播方式中，文化和旅游政务新媒体可以根据信息的具体内容，更加灵活自如地选择某一种传播方式，与官方的信息传播相结合，实现全媒体传播。

文化和旅游政务新媒体可以根据新媒体不同的发展时期来选择传播方式。当前新媒体传播的主流方式是微信和短视频平台，在确定了发布内容后，运营团队可以提前做好图文和短视频素材，在时效性和传播广泛性上形成优势。随着抖音平台用户的激增，政务抖音发展迅猛，文旅政务抖音成为政府与公众沟通的重要窗口。相较于文旅政务微信与文旅政务微博，文旅政务抖音以其视频时长短、内容丰富、推送模式精准的优势，迅速得到了用户的广泛关注。各省市文旅部门需要打造有品牌性、公信力和亲和力的文化和旅游政务抖音平台，提升文化和旅游部门的形象，公开、准确地传递政务信息，宣传旅游文化，满足公众的精神文化需求。例如，"济南市文化和旅游局"官方抖音号作为新媒体时代济南市政府打造的文旅类短视频传播平台，在建构济南城市形象方面具有不可替代的作用。

2. 内容丰富多样化

政府部门通过文化和旅游政务新媒体提供各种信息和服务，包括旅游景点介绍、文化活动推广、政策解读、便民指南、在线预订等。同时，与公众的互动也得到加强，例如解答疑虑、接收反馈等。随着新媒体环境的变化，轻量化的短视频强势崛起，抖音等平台也在政务传播中效力凸显。例如，2022 年全年，"济南市文化和旅游局"官方抖音号共推送视频 816 条，229 条视频已同步至西瓜视频平台；全年 816 条视频中共有 48 条视频播放量突破 100 万，播放量最多的视频为 2022 年 3 月 3 日 17：06 发布的《上一秒还在开心分零食，下一秒就……》有 850.7 万次播放量；全年 816 条视频中有 95 条视频评论量超过 100 条，其中最多的评论量为 13.7 万条，作品为 2022 年 8 月 14 日 19：52 发布的《人类的悲喜并不相通》；全年共有 152 条视频点赞量突破 1000 次，其中 2022 年 1 月 1 日 15：08 发布的视频《警犬救下数十名儿童》有 49.6 万次点赞。

2022 年"济南市文化和旅游局"官方抖音号有视频合集 14 个，分别为："二十四节气·济南""视频直播家乡年""文化类""奔跑吧济南""济南的秋天""文化进万家 非遗泉城年""文旅正能量""济南七十二名泉地图""济南非遗展播""德云社""创意 vlog""济南特色美食""夜经济""泉城美景"。

2022 年"济南市文化和旅游局"官方抖音号发布了所有视频标题的词频统计，TOP15 分别为："济南""能量""山东""传递""致敬""疫情""城市""兵哥哥""瞬间""中国""保家卫国""旅行""生活""非遗""推荐"。

2022 年"济南市文化和旅游局"官方抖音号关于"济南文旅"推出了许多系列视频："云游泉城""济南非遗年味儿小厨房""非遗里的山东年味"等，还有济南著名景点的宣传介绍视频。

3. 个性化定制

文化和旅游政务新媒体越来越注重个性化服务，根据用户的喜好和需求提供相关信息推送和定制化服务。通过大数据分析和人工智能技术，政府能够更好地了解公众需求，实现信息精准推送和个性化互动。例如，2022 年，"人民文旅"所发布的视频中，互动数据排名前三的视频为：2022 年 3 月 17 日推送的"请把这条视频推送给爱花的人 # 藏在故宫里的春天 # 春天"获得点赞 39.1 万次，评论 1.8 万条，收藏 2.2 万次，转发 7.7 万次；2022 年 3 月 18 日推送的"# 韩红基金会捐赠 500 万元支援吉林，多位艺人加入支援，期待着春暖花开时再相聚 # 韩红公益"共计点赞 24 万次，评论 1.5 万条，收藏 3940 次，转发 2941 次；2022 年 2 月 7 日推送的"满满的骄傲感！13 岁路过天安门的谷爱凌，同年她定下了 2022 年 # 北京冬奥会的参赛目标 # 谷爱凌 # 冰雪 2022"共计点赞 21.5 万次，评论 67 条，收藏 2725 次，转发 4849 次。

　　"四川文旅"所发布的内容紧密围绕着"四川文旅"相关内容展开，包括但不限于川剧、景点、民俗、美食、文物、珍稀保护动物等。2022全年共发布视频800余条，其中粉丝互动数据排行前三的视频为：2022年7月25日发布的"豆腐乳、贡椒、苹果…来尝一尝大凉山＃越西的味道！＃川渝广告共助乡村振兴公益行动"获赞14万次，评论1042条，收藏1999次，转发449次；2022年5月23日发布的"这里是天府之国成都，美丽的夜景，震撼到你了吗？＃成都夜景"获得点赞7.6万次，评论1.1万条，收藏3805次，转发1.3万次；2022年4月27日发布的"当@海扬来四川后才发现，想当全能外卖小哥，不仅要跑得快，会做菜，还要会川剧@川剧男孩华华"获赞5.3万次，评论265条，收藏429次，转发434次。

　　"山东电视文旅频道"官方抖音号属于山东广播电视台文旅频道。在该账号已发布的视频中，互动数据排行前列的视频出自合集"暖心故事""法律答疑""国剧面对面"。例如，"文物里的山东"102.3万次播放量（截至2024年6月），合集简介为：海岱文化 灿若星河；齐鲁文明 光耀于世。一件件闪耀着"山东之光"的时代影响力文物集结于此，共同书写中华文明浓墨重彩的篇章。"以古人之规矩，开自己之生面"，站在中国文明看山东，通过山东文物看中国。

政府与企业、社会组织等进行跨界合作，共同推进文化和旅游政务新媒体的发展。例如，与旅游平台合作开展在线旅游推广、与文化机构合作举办线上展览等，增强了文旅政务新媒体的影响力。

党的二十大报告提出，要坚持以文塑旅、以旅彰文，推进文化和旅游深度融合发展。2023 年 3 月，《文化和旅游部关于推动在线旅游市场高质量发展的意见》中提到，要坚持创新引领。深化在线旅游行业数字化、网络化、智能化发展，推动新技术应用，鼓励行业创新，充分发挥在线旅游经营者数据和信息能力优势，提升行业数字化水平，为旅游者提供智慧化的服务。

近年来，全国文化和旅游系统深入贯彻落实党中央决策部署，始终坚持正确的政治方向、舆论导向、价值取向，走好新时代网上群众路线，顺应时代要求，把握传播规律，不断加强网络内容建设、优化政务服务、凝聚社会共识，充分运用文化和旅游政务新媒体唱响时代主旋律、展示文旅新形象、传播文旅好声音。

2023 年，大众的旅游需求被全面激发，文化与旅游的融合推动新型特色文化业态创新发展。其中，互联网各类社交平台在夜经济、特色文化、微度假、文化与科技融合等方面，引导着大众文旅新趋势与时代文旅新业态。但受多方因素影响，出现了信息不对称、宣传不当等"低级红高级黑"现象。基于此，文化和旅游政务新媒体应当公开、准确地传播文旅政务信息，宣传当地旅游文化，提升当地文化和旅游部门的形象，满足大众精神文化需求，打造一个有特色、有温度、有公信力和亲和力的平台。

文旅政务新媒体要以内容建设为根本，把政务传播内容变成有趣味性、有情怀、有用处、有品位的信息，增强用户的黏性，从而进一步提升文旅政务传播的效果。文化和旅游政务新媒体既不能过于娱乐化，也不能刻板说教。如何发挥好互联网思维，创作更有生命力的传播内容，寻求更让公众喜闻乐见的传播效果，是文旅政府部门等单位需要深入思考的问题。

第二章
扫描：文化和旅游政务新媒体发展历程

在信息时代的浪潮中，新媒体技术的迅猛发展给政务工作带来了全新的机遇和挑战。文化和旅游政务新媒体在促进政府与公众之间的交流、推动文化旅游产业发展等方面发挥着重要作用。文化和旅游政务新媒体能够提升政府公信力，它作为政府数字应用的新渠道、政府信息公开的新平台，能够通过政策传播和公共服务赋能政府治理。各类社交媒体平台的开通和运行改善了政府与公众信息不对称状况，为政府提供了形象塑造、信息公开和公共服务的有效途径，也有效巩固和加深了公众对政府的信任。其中，文化和旅游政务新媒体作为官方机构自主开启的信息传播模式，如今已经成为文旅信息传播的重要组成部分，影响力日益增强，并逐渐形成了独特的传播品牌。本章节将深入探讨文化和旅游政务新媒体的发展历程。

党的二十大报告指出："加快构建中国话语和中国叙事体系，讲好中国故事、传播好中国声音，展现可信、可爱、可敬的中国形象。"移动互联网时代，传统传播方式发生变化，多媒介融合传播模式构筑了新的传播环境。同时，互联网技术日新月异的发展推动了政务新媒体尤其是文化和旅游政务新媒体的发展，使其成为与公众沟通、服务公众和完善政府服务的关键渠道。近年来，5G、大数据和人工智能等技术催生了新的政务新媒体语境，不仅给文旅政府部门提供了更多可能性，也对文化和旅游政务新媒体的发展提出新的挑战。在发展过程中，文化和旅游政务新媒体既有媒体的宣发属性，又有政务服务属性。

本章节从文化和旅游政务新媒体的起源和发展入手，描述政府部门如何逐步应用新媒体技术，并将其融合到文化旅游管理和服务中。同时，还介绍文化和旅游政务新媒体在信息发布、民意调查、政策解读、互动交流等方面的作用与影响。通过案例分析，真实呈现文旅类政务新媒体在提升政府形象、提高公众参与度、优化文旅体验等方面的积极作用。

第一节　发展路径与规模

文旅类政务新媒体从最初的网络信息服务，逐渐发展到社交媒体、移动互联网和大数据等阶段，不断提升信息传播效率、用户体验和服务质量，为文旅机构提供更加便捷、高效的服务。

最早的政务新媒体可以追溯到机关事业单位的官方网站，基本上是发布内部工作信息、政策以及接受外部咨询，功能单一且沟通不便。即便到了微博时代，官方的微博平台上所发布的内容，基本上以政务新闻和政策解读为主，且编辑内容文字有限，大多数信息传播依然依赖于传统媒体。

但随着新媒体技术的发展，多样化媒体传播形式和载体持续涌现，政务新媒体的发展空间也不断扩容，在内容数量和质量以及传播方式上呈现出多样化。如今，政务新媒体不仅能够实现文图传播，也能以短视频和直播的方式为公众提供线上解答，实现与公众的零距离对话。从内容的角度来看，文化和旅游政务新媒体内容创作的专业水平越来越高，不仅可以实现信息的及时发布，还能通过活动策划、组织采访、线上直播和动画展示等方式，实现信息的更深层次传播。文化和旅游政务新媒体内容上的媒体化进一步扩大了影响力和传播力，在相应的专业领域具备了较高公信力。

随着互联网技术的发展，政府部门运用互联网进行社会治理与服务的方式也发生了较大变革。政府以政务新媒体的方式加大信息的发布、与公众的互动，从而加强社会治理的有效性，提升城市形象。在这样的背景下，公众对各类文旅信息与服务的需求越来越大。文化旅游信息传播方式更加多样化，传播主体更加多元化。在文旅与信息化技术高度融合下，各类新媒体平台已成为政府部门宣传城市文旅形象必不可少的工具，文化和旅游政务新媒体也随着互联网的发展转型呈现于各类平台。政务新媒体的发展经历了以下四个阶段，这里侧重文化和旅游政务新媒体。

第一阶段：政府门户网站时代（20世纪90年代至21世纪初）

政府开始意识到互联网的重要性，逐步建立了政府门户网站，主要用于发布工作信息和政策解读。政府门户网站作为政府信息发布的主要平台，发布政府工作报告、政策文件、领导讲话等信息；提供政府机构的职能职责、工作动态等内容，帮助公众了解政府机构及其工作；提供在线政务服务，如网上办事、查询政策法规、下载表格等，方便公众获取政府服务和信息，其中，留言板、在线咨询、投诉建议等功能，实现了政府与公众的互动交流。政府门户网站开始注重公众参与，通过在线调查、民意征集等方式收集民意，并提供政府机构组织、政策法规、公共服务设施等信息的查询功能，方便公众获取相关信息。通过分类目录、搜索引擎等方式，帮助公众快速准确地找到信息。由于网络技术等方面的不成熟，政府门户网站在内容展示和互动性方面受到一定的限制。多数政府门户网站内容较为静态，互动功能相对简单，无法实现复杂的在线服务和互动交流。

这一时期，政府门户网站为政府与公众之间的信息传递和互动提供了重要平台。随着互联网技术的不断发展，政务新媒体的形式和内容也在不断演进和完善。其中，文旅政府门户网站作为文化旅游事业的重要宣传和服务平台，通过发布关于文化遗产的介绍、保护措施、修复进展等信息，增进公众对文化遗产的认识和保护意识。文旅政府门户网站提供文化遗产的图片、视频等资料，展示文化遗产的魅力；提供各地旅游景点的详细介绍、交通指南、游玩攻略等信息，帮助游客了解和规划旅游行程；提供在线文化活动报名、门票预订、文化产品购买等服务，方便公众参与文化活动和进行文化消费；支持在线文化课程学习、文化活动直播等形式，丰富公众的文化生活；设置留言板、在线咨询、互动投票等功能，促进政府与公众之间的互动交流；收集公众意见和建议，反映社情民意，为政府文旅政策制定提供参考。

在这一时期，文旅政府门户网站扮演着文化旅游信息发布、服务提供和互动交流的重要角色，为促进文化旅游事业的发展起到了积极作用。但同时，文旅机构通过官方网站和电子邮件等方式向游客提供信息服务，存在信息传播不够及时、互动性差、用户体验不佳等问题。

政府门户网站的建设程度关系到政府信息化服务水平，它的不断完善为新时代政府行政管理模式改革创新提供了重要契机。政府网站的用户行为主要是搜索行为、浏览行为、交互行为三种，而这三种行为都必须以网站本身的内容提供为支撑，信息内容的丰富性与关联性、准确性与实用性、内容获取的便捷性决定了网站用户的满意度和用户的黏性。

这一时期的文旅政府门户网站，规模相对较小，内容主要以信息发布和基础服务为主，互动性和多样化功能相对较弱。比如原文化部政府门户网站，主要发布文化政策、文化活动、文化产业发展等相关信息，提供中国各地文化遗产的介绍和保护情况；展示中国丰富的文化遗产资源；介绍和推荐国内知名旅游景点，帮助游客了解中国文化旅游资源；宣传各地文化活动，如展览、演出等信息，鼓励公众参与文化生活等。其功能相对简单，但为文化旅游事业的推广和发展提供了基础支持。随着互联网技术的不断发展，政府门户网站的规模和功能也在逐步扩大和完善。

第二阶段：Web 2.0 时代（约 2010 年至 2015 年）

如果说政府门户网站时代是 Web 1.0 时代，那么 Web 2.0 时代，微信等社交媒体开始兴起，政府也开始利用这些平台进行信息传播。随着 Web 2.0 技术的发展，政府部门和文旅企业开始逐渐采用社交媒体平台如微博、微信等，与游客进行互动和交流。这个阶段的主要特点是信息传播更加快捷、互动性更强、用户体验得到提升。

在政务新媒体的 Web 2.0 时代，政府门户网站和政务新媒体平台进一步发展和演变，更加注重与公众的互动和参与，提升了政府服务的质量和效率。比如，政府通过微博实现与公众的实时互动和反馈，及时回应公众的问题，加强了与公众之间的沟通和互动。Web 2.0 时期政务新媒体开始注重用户生成内容，允许公众发布评论、评分、分享经验等，促进用户参与和互动。公众可以分享旅游经验、文化活动感想等内容，丰富了网站以及微博等平台的信息量，提高了互动性。

文化和旅游政务新媒体在 Web 2.0 时期获得了新的发展。政府部门开始注重整合社交媒体平台如微博、微信等，拓展传播渠道，增强信息传递和互动效果。通过社交媒体平台，政府可以更加及时地与公众互动，推广文化活动、旅游景点等内容；注重多媒体内容呈现，如视频、音频、高清图片等，增强用户体验感；推动数据开放与共享，向公众开放政府数据资源，促进政府与公众、企业之间的合作与创新。

Web 2.0 时期的发展内容使文化和旅游政务新媒体更加开放、互动和多元化，为政府与公众之间的沟通与合作提供了更多可能性，推动了行业的数字化转型和创新发展。

微博的信息公开发布、社交互动、热点推荐等机制，使得文旅类政务信息公开扩散更高效。同时，文旅政府部门可以通过建设微博矩阵，把声音传播给更广阔的人群。四川"甘孜文旅"微博的实践，就是利用微博矩阵，一定程度上放大了甘孜州文化广播电视和旅游局局长刘洪，以及丁真等名人效应，给当地带来新的发展机会。更重要的是，微博与其他平台相比，互动性更强，这也是文旅类政务新媒体影响力形成的关键。还有一些城市，把握"微博城市品牌共创计划"机会，通过整合媒体、

政务、名人大 V、普通网友等多元资源，助力城市形象从
多个层面"出圈"。

以"甘孜文旅"为例，矩阵模式是其创新的重要一环，
"甘孜文旅"以"1+18"的模式，改变了过去单打独斗、
孤掌难鸣的窘境，形成了"微光成炬"的良好传播效应，
让甘孜声音传得更远更广。

第三阶段：移动互联网时代（2015 年至 2020 年）

随着移动互联网技术的普及，政府部门和文旅企业开
始推出各种 APP，如旅游攻略 APP、景区导览 APP 等，为
公众提供更加便捷、个性化的服务。这个阶段的主要特点
是信息服务更加个性化，用户体验更佳。

2018 年 3 月，中央政法委"中国长安网"成为入驻抖
音的首家官方政务号。到 2018 年底，已有 5800 多家党政
机构入驻抖音。政务直播、政务头条号、政务音频等新形
式也都获得发展。《关于推进政务新媒体健康有序发展的
意见》（以下简称《意见》）是第一个直接以政务新媒体为
主题，专门为政务新媒体发展制定的制度设计。《意见》
指出，要努力建设"利企便民、亮点纷呈、人民满意的指
尖上的网上政府"。2019 年，《政府网站与政务新媒体检
查指标》与《政府网站与政务新媒体监管工作年度考核指
标》进一步强化监管，将政务新媒体的监管具体量化、常

态化，引发一阵"关停潮"。政务新媒体经历反思之后进入理性与整合发展阶段。

2018年4月8日，新组建的文化和旅游部正式挂牌。基于此，文化和旅游行业更需要打造有品牌性、公信力和亲和力的政务新媒体平台，以提升文化和旅游部门的形象，公开、准确地传递政务信息，宣传旅游文化，为满足大众的精神文化需求提供准确有益的引导与服务，助力文旅产业发展，推动共富窗口建设。

文化和旅游政务微信公众号搭建起了政府与公众沟通的桥梁，承担着政策解读、沟通民意、服务百姓等多重功能，同时还在重大舆情事件中发挥着信息公开、回应质疑等作用。如今，文化和旅游政务微信公众号运营不只停留在与公众互动这一层面，还通过提供实用性更强的服务信息，加强与公众之间的联系。

微信公众号是各级文化和旅游政府部门开展信息和文化传播的主要途径之一。目前，所有省级文化和旅游部门都开通了微信公众号。有些地区将政务公众号与资讯公众号分开，有些则合为一体。微信公众号传播力指数主要从"整体传播力""篇均传播力""头条传播力""峰值传播力"四个维度进行评价，所占权重分别为30%、30%、30%、10%。

文化和旅游政务短视频呈现出功能明晰、形式多样、风格亲民等特征，这种融文字、音频、图像于一体的传播形式，以活泼、接地气的风格实现了随时随地的专业服务，为政民互动与沟通开拓了新通道，获得了城市文化和旅游传播的良好效果。

文化和旅游政务短视频凭借多元化内容、精准的大数据分析技术和高效的双向互动，成为政府重要的新营销传播主体。政务抖音中存在多重互动关系，包括政府与媒体配合，线上线下联动传播；不同层级、领域、地域的政务号协同传播等。政府和媒体共同构筑公众参与的话语空间，在短视频平台上形成了一种共创共享的对话机制和传播策略。政务短视频平台拓宽了我国政务服务供给的渠道和范围，并凭借碎片化、交互性和多样形式，对塑造政府形象、推进政务公开、有效引导舆论和开展政民互动起到积极作用。以"济南市文化和旅游局"官方抖音号为例，其立足地方，内容多元，是济南市文旅宣传的有力媒介，也是受众了解济南文旅信息的重要渠道。其传播内容具有多样化的特点，涉及文化、旅游、社会生活等方面。原创视频质量较高，能够立足于受众的基本需求，通过精准定位受众群体，聚焦发布济南"吃""玩"等信息，最大限度满足本地市民和游客的需求。例如，每年春节期间，"济南市文化和旅游局"官方抖音号便推出"非遗看泉城，云端过大年""舌尖上的济南年""年夜饭"等系列视频。每逢元宵节、中秋节等传统节日皆发布许多特色短视频。按照季节、月份、网络热度，还会发布济南最适合游玩的景点美照、视频等。

在新媒体环境下，城市需要积极转变传播思维，通过创新传播方式，整合传播内容，创建互动平台，适应新媒体变局，丰富文化内涵，激活创意元素等，创新运用不同传播路径，确保城市形象传播更好地适应新媒体语境下的信息传播要求。

第四阶段，智慧旅游时代（2020年以来的大数据时代）

随着互联网技术的不断发展，旅游行业也迎来了智慧旅游时代。近年来，智慧旅游成为政府发展文旅产业的重点方向，文化和旅游政务新媒体也在这一背景下发生了变革。文旅机构开始采用大数据分析技术，对游客的行为和偏好进行分析，以便提供更加精准的服务。这个阶段的主要特点是信息服务更加精准、用户体验更加个性化。

政务新媒体的功能并不仅仅局限于信息发布，还有大数据服务和政务保障等职能，如医疗服务系统、社会保障系统和教育管理信息等。文化和旅游政务新媒体的运营，离不开大规模的硬件软件设施。在信息传播层面，文化和旅游政务新媒体运用大数据和人工智能等全新的技术，改变了受众获取信息和服务的方式，提高了便捷性和准确性。在政务新媒体与大数据技术不断整合的进程中，其处理信息和服务的能力开始逐渐赶超传统媒体，进而形成了智能化的文化和旅游政务新媒体系统。

文旅机构纷纷加快数字化进程，推动传统服务向在线化、智能化转变。通过大数据分析和人工智能算法，可以实现个性化推荐、智能搜索、智能客服等功能。文化和旅游政务新媒体将提供智能化、个性化推荐服务，根据用户的兴趣和需求推送定制化的文化活动、旅游推荐和政务信息。移动支付、虚拟现实等新技术的应用也将进一步丰富文化和旅游政务新媒体的形式，为公众提供更便捷、个性化的文化旅游体验和服务。

借助大数据技术，文化和旅游政务新媒体可以根据用户的历史浏览记录、兴趣偏好和行为数据，实现个性化推荐服务。用户可以获得定制化的文化活动、旅游景点和政务信息推荐。文化和旅游政务新媒体还可以实时监测用户行为和反馈数据，及时调整服务内容和推广策略。政府部门可以根据数据分析结果进行政策制定和服务优化，提高办事效率。

　　基于大数据和人工智能技术，文化和旅游政务新媒体可以实现智能客服和问答系统，并提供 24 小时在线服务。用户可以通过即时通信工具与相关部门进行互动。同时，文化和旅游政务新媒体可以进行预测性分析，预测文化活动参与人数、旅游景点客流量等情况，为活动安排和资源调配提供依据，提高效益和管理水平。

　　通过数据可视化技术，文化和旅游政务新媒体可以将数据以图表等形式直观展示，提升信息传达效果。在利用大数据技术的过程中，文化和旅游政务新媒体需要重视用户数据的安全和隐私保护，建立健全数据管理和保护机制，确保用户信息不被泄露和滥用。

　　综合利用大数据技术，文化和旅游政务新媒体可以实现更智能化、个性化和高效的服务，提升用户体验，推动文化旅游事业和政务服务的发展。在这样的背景下，文化和旅游政务新媒体正朝着智慧化方向不断迈进，整合先进技术和创新理念，为用户提供更智能、便捷、个性化的文化旅游体验和政务服务，推动行业的数字化转型和智慧化发展。

　　"智能传播"就是智能技术与新闻信息传播的合作，是人工智能在新闻传播领域的应用，是一种以互联网、物联网、超级计算等为技术前提，以大数据和算法为主要技术基础，以满足用户需求为核心，通过人与技术的协同决定新闻的智能化生产和精准化分发的传播模式。例如，湖北省以"长江云"新媒体平台为基础，集聚媒体资源，以"覆盖全省、功能完备、互联互通、运行通畅"为战略目标，建设全省统一的"长江云"移动政务新媒体平台。按照功能设计，该平台是我国首个将舆论引导与意识形态管理、政务信息公开、智慧民生三者融为一体的综合性新媒体信息服务枢纽。"长江云"移动政务新媒体平台联通"智慧湖北"建设，建立起了全省舆情应急管理系统，并将网络问政的"回复速度""满意度"等数据作为考核部门工作效率的重要指标。"长江云"移动政务新媒体平台自上线以来，获得了包括"中国新闻奖""IDC 中国数字化转型大奖"等在内的多个重量级荣誉。

文化和旅游政务新媒体经历了一系列划时代的转变，从简单的信息发布到与民众互动的双向沟通，实现了从政务到民生的转变。这一演变历程可以概括为从量变到质变的进化过程。

最初，政府利用新媒体平台仅仅是为了满足信息传递的基本需求。政务信息被简单地发布在平台上，数量较多，但缺乏针对性和用户体验。然而，随着技术的不断进步，政府开始意识到需要更加深入地满足公众需求。

随着社交媒体的兴起，政府开始利用微博、微信等平台建立与公众的连接。这使得文化和旅游政务新媒体走出了信息发布的被动角色，转向了与公众进行互动的主动模式。政府通过回应公众提问、征集意见、解答疑惑等方式拉近了与公众的距离。

除了互动性的增强，文化和旅游政务新媒体在内容方面也进行了质的变革。传统的政务信息发布主要关注行政决策、政策解读等方面，而现在文化和旅游政务新媒体开始更注重民生相关的内容，关注公众的需求，提供便民服务，如交通信息、景区信息、出行攻略等。这使得文化和旅游政务新媒体在满足基本政务需求的同时，也成为公众获取实用信息和参与社会活动的重要平台。

随着技术的发展，文化和旅游政务新媒体不仅提供信息，还加强了多媒体融合。图像、视频、音频等形式，能够更生动地传达政务和文旅咨询。当前，我国文化和旅游政务新媒体已经成为信息发布、舆论引导、提供服务的主要渠道，特别是随着网络平台的多样化发展，其传播"阵地"已从微博、微信迈向抖音、快手、哔哩哔哩、知乎等短视频类、知识类网络平台。入驻的平台越多，内容的多样化、精准化程度也就越高，其受众面及传播范围也就越广。因此，在未来的发展中，文化和旅游政务新媒体不仅要打造形式多样的内容产品，更要加强交流、互动功能，贴近公众，倾听民意，深入了解公众需求，以便更好地为大众提供服务。

综上所述，文化和旅游政务新媒体经历了从量变到质变的演变过程，通过加强互动性、注重内容和多媒体融合，成为政府与公众之间沟通的桥梁，满足了公众需求，推动了城市文旅深度融合发展。文化和旅游政务新媒体的根本属性是媒介和公共服务平台，其实现更好的发展必须将智能化的网络信息技术和内容传播、公共服务紧密衔接。伴随着文化和旅游政务新媒体进一步的发展，其运营服务的广度和深度已与最初不可同日而语，但反过来说，技术赋能、影响力提升和运营方向多样化也给它的发展前景带来了机遇与挑战。

在政策支持和社会需求推动下，文化和旅游政务新媒体对新技术的普惠性应用越来越深入。正因如此，对智能化进程中的文化和旅游政务新媒体进行研究是极为必要的，并且相关研究应更加细致和审慎。要确认智能化进程中政务媒介的本质变化、角色定位及价值等问题，在此基础上，进一步探讨发展中可能存在的算法逻辑风险、技术安全等问题。唯有如此，才能不断促进文化和旅游政务新媒体的健康发展，实现其应有的社会意义。

中华人民共和国文化和旅游部批准设立后，开启了文旅深度融合的进程。从中央到地方各级文化和旅游政务新媒体账号逐步创建，这为文化和旅游领域的发展带来了新的机遇和挑战，推动了文旅深度融合的进程，促进了文旅产业的创新和发展。

文化和旅游政务新媒体账号成为权威信息发布的重要平台，推动了文化和旅游政务信息的传播和共享。文化和旅游政务新媒体呈现出智慧化、互动性强、便民化等特点，推动了文化和旅游行业的数字化转型和智慧化发展，为公众提供了更智慧、便捷、个性化的服务体验。

近年来，文化和旅游政务新媒体的发展呈现出了从零星的量变到飞跃式质变，实现了从政务到民生等方面的重大转型。传统的政务新媒体更多地侧重于信息发布和政策宣传，互动性和用户体验有限，服务内容相对单一。文化和旅游领域的新媒体账号也较为分散，缺乏整体规划和统一管理，出现信息传播不畅、服务体验有限等问题。然而，随着文化和旅游部的设立以及智慧化发展的推动，文化和旅游政务新媒体有了质的飞跃。新媒体平台结合了大数据和人工智能技术，实现了智能化、互动化、便民化等特点。这种转变标志着文化和旅游政务新媒体迈向了一个全新的阶段。

在这一转变过程中，文化和旅游政务新媒体实现了从政务到民生的转变。除了传统的政务服务和宣传功能，新媒体平台更加注重公众参与和互动，提供更多便民服务和个性化体验。公众可以通过这些平台获取到最新的文化活动信息、旅游景点推荐、在线预订等服务。

不久的将来，随着智慧化技术的不断应用和政务服务理念的不断创新，文化和旅游政务新媒体将继续发挥更加重要的作用，为公众提供更智慧、便捷、个性化的服务体验，推动文化和旅游行业的数字化转型和智慧化发展。

第二节 发展趋势与需求

在互联网信息技术迅速发展的背景下，文化和旅游政务新媒体的传播方式、传播内容也随之转变与升级，公众参与文旅传播的意识与能力也在提升。2021年，"文旅融合"与"网络强国"被列入"十四五"规划，"新媒体+文旅"模式成为各大文旅职能部门与文旅企业宣传推广、扩大影响力的新模式。文旅类政务新媒体智慧化建设与发展能够进一步提升公众体验，精准满足公众的需求，从而促使城市形象及传播力得到显著提升。

文化和旅游政务新媒体在过去的发展历程中，融合了传播渠道、服务和数据等多个方面的发展趋势。未来，这些趋势将进一步推动文化和旅游政务新媒体向更加全面、智能化和个性化的方向发展。

首先，文化和旅游政务新媒体传播渠道将继续多样化扩展。随着社交媒体和移动互联网的普及，文化和旅游政务新媒体将进一步拓展传播渠道，包括但不限于短视频平台、直播平台以及语音助手等。政府部门将利用这些新的渠道与公众进行互动，并丰富内容形式和传播方式，提供更具吸引力和互动性的信息传递。

文化和旅游政务新媒体从单一发布到矩阵传播。从总体结构变迁来看，政务机构从对传统媒体的渠道依赖逐渐演变成打造"自媒体"传播，从单一的信源角色转型为网络实践中的内容生产者。

政务信息的传播大致经历了三个阶段：第一阶段主要是以网站为主要媒介而兴起的电子政务，以相关信息发布为主要内容。由于这一阶段传统媒体对信息资源的支配仍然处于主导地位，因此政务信息的传播一方面延续了对传统媒体的依赖，另一方面则尝试一对多的网络公开。第二阶段，政务信息的传播开始卷入不断开放的社交网络，以"两微一端"为核心，以信息公开、公共服务以及舆情回应为主要内容。在这一阶段，传统媒体对信息资源的垄断被打破，围绕传统渠道而展开政务宣传的传播效力成为问题，文旅微博、文旅微信以及客户端开始扮演自媒体角色，并参与激烈的信息竞争之中。第三阶段，伴随着网络社会的形成，信息资源在技术和市场的双重推动下深度分化，网络直播以及短视频社交平台的出现使得相对结构化、理性化的政务信息传播难以抵达网络社会中的新型用户，此时的信息传播开始向不断兴起的新媒体平台即时延伸，各类政务新媒体参与全网的内容竞争中来，比如头条号、抖音、百家号等。这一阶段文化和旅游政务新媒体已经深嵌于社会网络之中，试图形成政务传播的强势节点，愈加脱离了对传统媒体的依赖。

文化和旅游政务新媒体虽然不同于专业媒体，但已具备媒介的功能和角色。公众聚集在哪里，传播的节点随之延伸至哪里，新媒体会出现所谓的矩阵式结构，也往往具有强大的扩散力量。

打造文化和旅游政务新媒体平台矩阵，要把握不同平台分众化、差异化等特点，满足不同平台用户的需求点。比如，短视频平台可以直观记录城市旅游景点，微信公众号平台可以重点宣传政策信息等，微博平台重点与公众互动。平台之间协同发力，提升服务效果，打造文旅政务传播新格局。

其次，文化和旅游政务新媒体将注重提供个性化服务。通过大数据分析和智能算法，政府可以了解公众的兴趣、需求，从而为用户量身定制信息推送、服务指南和活动建议。个性化服务将增强用户体验感，提高用户满意度，并增加公众与文化和旅游政务新媒体的互动。

在数据方面，文化和旅游政务新媒体将日益依赖大数据等创新技术。政府将加强数据收集、分析和应用能力，深入了解公众需求和反馈，并根据数据结果进行精准决策和运营调整。此外，政务新媒体还将积极开放和共享数据，促进与社会各界的合作，推动数据交流和创新，增加公众获得信息和参与治理的机会。不同于央视频等全国性媒体平台，也不同于微信、抖音等生态型传播平台，地方媒体的优势在于长期服务和深耕区域。地方媒体利用自身权威性，通过政务号、问政平台、智慧城市等方式整合资源、服务民众。互联网新技术的发展为文化和旅游政务新媒体发展带来了新机遇，大数据、云计算、人工智能等创新技术研发与应用正不断升级公众的视听体验。

在路径发展方面，从媒介依赖到积极竞争。对于文化和旅游政务信息的传播而言，在传统的新闻生态中，各个政务机构作为官方信源，与新闻媒体共同构成了传播的中心，政务机构与社会公众之间以传统媒体为区隔，较少建立直接的关系。然而，在互联网的技术赋权下，渠道垄断被打破，信息的生产与传播趋于社会化，政务宣传亟须从对传统媒体渠道资源的依赖中抽离出来，进入不断开放的社会网络，直接面对公众，并融入新的关系再造中。

新的竞争关系被建构出来，政务机构与传统媒体的合作关系被弱化，二者与新媒体一起演变为网络社会中的传播节点，共同参与网络竞争。政务机构虽然具有一定的信源优势，但是仍然面临如何在纷繁复杂的信息资源中竞争的问题，特别是随着新媒体内容生产在垂直化方向的深耕细作，以及新媒体平台对用户的专业重塑。信息资源被不断地开发与生产出来，从而导致信息在各大平台里积聚，各方对公众关注度的竞争日益激烈。由此，文化和旅游政务新媒体嵌入社会网络的过程中参与形塑了"去中心化"的网络化关系形态，打破了原有的控制逻辑或者命令逻辑。

文化和旅游政务新媒体作为文化旅游行业与公众之间沟通互动的桥梁，承载着传递文化信息、推广旅游资源、提供便民服务等重要使命。其信息传播逻辑不仅涵盖了政务新媒体的基本功能，更融合了文化和旅游特有的元素，构建了一套独特的传播机制。文化和旅游政务新媒体平台通过发布展览、演出等信息，向公众传递文化精髓，推广优秀传统文化和当代文化成果。这种信息传递不仅让公众了解文化活动的丰富多彩，也促进了文化产业的发展和文化软实力的提升。

文化和旅游政务新媒体的信息传播逻辑不仅在于传递政府政策和服务信息，更在于推广文化、促进旅游发展，提升公众参与感和体验度，构建文化旅游行业与公众之间更加紧密的联系，推动行业的智慧化转型和发展。

在智慧城市建设和政府信息公开不断规范的背景下，政府与百姓信息互联互通的重要性日益突出。文旅信息的传播逐渐从传统媒体的单向传播转为各种媒体协同传播，不断满足市民和游客实时了解、沟通、互动、参与的现实需要。新媒体平台在传统图文的基础上增加了视频等内容传播形式，这些新的变化对政务信息传播效率和传播质量提出了新的要求。

综上所述，文化和旅游政务新媒体在未来的发展趋势中将持续拓展传播渠道、提供个性化服务和依托创新技术。这些趋势将推动政务新媒体在文旅领域的更广泛应用，促进政府与公众之间的互动与合作，提升公众的参与度和满意度。同时，政务新媒体将成为推动文旅产业发展和社会进步的重要力量。

文化和旅游政务新媒体发展出现的趋势总结如下：

1. 多渠道传播

随着社交媒体和移动互联网的普及，政务新媒体将通过多种渠道进行传播，包括微信、微博等，可以更好地满足用户的多样化需求。比如，青岛西海岸新区文化和旅游局结合当下的流行趋势，积极采用短视频、长图、创意海报等方式，在微信、微博、抖音等媒体平台创新化发布政务信息。

文旅政府部门打造的新媒体应不断提高优质内容生产能力，并针对不同新媒体平台的特征与用户特点精准运营。在多渠道传播的背景下，创新思路，为大众提供多样化的文旅信息服务。在满足用户基本信息需求的前提下，积极进行产业多元布局，向文创等方面拓展，实现媒体功能的延伸和拓展。

2. 个性化服务

文化和旅游政务新媒体将注重提供个性化的服务，根据用户的兴趣定制内容。例如，为游客提供个性化的旅游指南，推荐符合其兴趣的景点和活动。

新媒体场域中的信息竞争围绕"去中心化"的网络关系而展开，但是并非意味着"中心"的完全消失，而是以一种流动的状态进行开放式迁移，趋于多维连接与分享。消失的只是位于绝对中心的静态而封闭的位置，比如传统媒体在线性传播格局中的垄断地位，重构的则是互为中心的流动的复杂网络，有序竞争的结果并非"取而代之"，而是"共享共生"。平台媒体因为具有强势的技术资源和庞大的用户群而成为"接入"和"到达"的重要枢纽，专业媒体、机构媒体和自媒体则扮演着不同的内容生产者，借助平台媒体的"算法"将其内容推送给细分用户。文化和旅游政务信息资源已经成为各媒体平台争相吸纳的对象。作为一种体制性资源，机构媒体被大力引入，各类新兴媒体平台试图借助政务新媒体开发具有独特竞争力的内容产品。多方互动协作的模式正在对文化和旅游政务新媒体进行专业重塑。

3. 数据驱动决策

政府机构将利用大数据分析技术来了解用户的需求和行为模式，以便更好地规划和管理文旅资源。通过数据分析，政府可以预测需求趋势，改进服务，并作出基于数据的决策。大数据算法促进政务信息的广泛传播。以今日头条为例，其特殊的大数据算法会根据网络用户的阅读习惯和行为倾向，筛选用户可能喜欢的新闻内容进行定向推送。文化和旅游政务新媒体作为互联网新闻传播的重要渠道之一，也成为大数据的组成部分，一方面，通过积极主动的对外传播，为互联网环境提供了大量新闻素材和公共服务信息；另一方面，在互联网商业媒体平台的大数据抓取之下，海量的文化和旅游政务信息会被特殊算法进行分类，定向推送给关心这些信息的网络用户。大数据在政务新媒体领域的运用，更突出地表现在无接触服务上：文化和旅游政务新媒体内置了自动回复和查询功能，不需要与工作人员面对面沟通便可以实现历史信息和即时信息的查询。

4. 用户参与和互动

文化和旅游政务新媒体将鼓励用户参与和互动，通过评论、投票、问答等方式让用户直接参与政务决策和文旅活动中来。这样可以增强用户的参与感，提高对政府政策的满意度。网络化的媒介逻辑核心之一在于互动的激活，用户参与传播实践的互动之中，逐渐成为媒介内容的常规生产者和发布者，形成一个又一个充满活力的衍生媒介。一方面，以往相对理性化、结构化的文化和旅游政务传播开始发生转变，逐渐突破传统的叙事惯例，以一种更能引发用户共鸣的"讲故事"的方式推动传播，从而使用户能够参与进来，并通过情感激发用户去转发、评论；另一方面，文化和旅游政务新媒体将生产网络嵌入场景化的日常生活实践中，从一种线性的隐喻趋于超文本的网络化链接，使大规模的用户进行社交连接的同时，完成海量丰富内容的现场生产。文化和旅游政务新媒体与用户深度融合，成为互为中心的协作内容生产者。政务机构、专业媒体、平台媒体和用户交织成多股力量，相互牵连而无法取代，在竞争与合作的双重关系中，开启了协同高效的媒介融合新局面。

5. 融合创新

文化和旅游政务新媒体将借鉴其他行业的先进技术和创新模式，如人工智能、虚拟现实等，来提供更丰富、生动的文旅体验。例如，利用虚拟现实技术展示旅游景点的全景图像，或者通过人工智能助手提供实时的旅游咨询服务，满足用户多样化需求，搭建数字化生活的入口。文化和旅游政务新媒体在发布权威信息、本地资讯的基础上，开展各种民生服务和相关业务，既能凸显差异形成比较优势，也能为商业化打开突破口，开启"新闻+政务""新闻+服务"的模式。人工智能技术不仅重塑文化和旅游政务新媒体本身，而且正在深刻地影响传播主体、信息生产和传播过程等方面。智慧政务背景下，文化和旅游政务新媒体传播主体正在发生改变：无论是政府公务人员的日常工作还是民众寻求政务服务，都离不开各种智能终端设备；AI写作系统被应用于政务信息传播中，通过数据分析结果自动生成可供发布的信息；智能政务机器人作为"客服"正在被广泛地应用到用户互动环节中。

6. 文化传承和宣传

文化和旅游政务新媒体将积极传播本地文化和旅游资源，推广文化艺术活动，增强人们对本地文化的认同感和自豪感。在文化和旅游政务新媒体向快手等商业平台持续嵌入的过程中，各类政务号所面对的群体画像与网络平台的用户结构密不可分。从网络直播到移动短视频社交，积极涌入新媒体空间的"网生代"预示着新的网络势力，是文化和旅游政务新媒体进行文旅信息传播时必须面对和连接的用户资源。正如在"网红城市"的制造过程中，很多用户的线上线下"打卡"行为既是出于平台推动下的娱乐社交，同时也在无形之中参与文化和旅游政务新媒体对城市形象的建构。例如，济南"超然楼亮灯""洪楼教堂""趵突泉"等关键词频繁出现在各大互联网平台的热搜榜单。其中，"超然楼亮灯"相关视频话题在网络平台爆红"出圈"，仅抖音平台就有逾亿次的播放量。

7. 网络安全和信息保护

随着新媒体的发展，网络安全和信息保护变得尤为重要。文化和旅游政务新媒体需要加强信息安全措施，保护用户隐私，防范网络攻击和数据泄露。

总之，文化和旅游政务新媒体的发展趋势包括多渠道传播、个性化服务、数据驱动决策、用户参与和互动、融合创新、文化传承和宣传，以及网络安全和信息保护。文化和旅游政务新媒体须承担权威政务发布、即时政务解读、便捷政务服务和亲民政务互动四大功能，坚持数字化改革为引领，坚持正确导向、需求引领、互联融合、创新发展，增强与群众的联系，提升群众获得感。

第三节　传播创新与效果

互联网的兴起与发展正在以一种结构性力量改变着社会互动与协作的方式，并冲击着原有的传播秩序与资源结构。而在新媒体的作用下，各类机构对媒介资源的获得与利用发生演变，越来越依循新媒介逻辑重新组织其社会行动。

2018 年 12 月，国务院办公厅发文要求推进政务新媒体健康有序发展，并提出到 2022 年，建成以中国政府网政务新媒体为龙头，整体协同、响应迅速的政务新媒体矩阵体系，全面提升政务新媒体传播力、引导力、影响力、公信力，打造一批优质精品账号，建设更加权威的信息发布和解读回应平台、更加便捷的政民互动和办事服务平台，形成全国政务新媒体规范发展、创新发展、融合发展新格局。当前，文化和旅游部办公厅（新闻中心）积极推进全国文化和旅游政务新媒体矩阵建设，初步形成"全国文旅一盘棋"传播格局。各地文化和旅游行政部门发布政策解读，开展直播推广，强化区域联动，创新营销模式，打造主题形象，推广产品线路，不断提升文旅品牌知名度、美誉度、影响力。一个覆盖全国、全面立体、连接世界的文旅新媒体矩阵不断成长壮大。

传统的媒介逻辑是以传播效果为目标的单向技术逻辑，而社交媒体时代的目标已不再止于获得用户，而是帮助用户实现空间意义上关系的并置和联结，持续地发现并激活用户。伴随媒介融合向纵深方向的推进，文化和旅游政务新媒体要实现政府、企业与用户的强连接，并通过构建一种新的网络关系对本地城市进行重新划界。

在以往文化和旅游政务新媒体向商业平台借势的过程中，虽然通过优质内容能够获得大量粉丝，提升了传播影响力，有助于舆论引导，但是，"粉丝"或"关注量"不等于"用户"，社交媒体平台总体上把握着内容分发和用户积累的主导权，文化和旅游政务新媒体在用户数据积累和平台掌控上处于劣势。而今，文化和旅游政务新媒体通过完善传播内容，提升传播方式，增加了用户黏性和互动性。原本由专业媒体进行总体支配的传播资源被拆解，并最终形成多元化的传播主体，从而导致文化和旅游政务机构单纯依赖传统媒体进行宣传的工作机制逐渐失效。文化和旅游政务新媒体向全网的持续嵌入不仅参与形塑了"去中心化"的竞争关系，而且成为多方行动者互动的重要场域。

这种传播资源的互补与重构，使得文化和旅游政务新媒体的媒介实践以一种"互为中心"的方式展开。文化和旅游政务新媒体平台与专业媒体平台、自媒体平台等，势必建构出一种共生关系。

在新媒体的传播语境下，城市品牌传播有了新的传播特征和传播模式。以武汉市为代表的新一线城市，用更加开放的态度积极拥抱新媒体渠道，打破了城市宣传的信息壁垒，打造了城市数字化的官方主体宣传矩阵，主动与年轻群体沟通交流，形成了更好的城市口碑，塑造了更加鲜明的城市形象。从传播层面看，以官方为主体的宣传矩阵能够形成有效的内容生态，将会逐渐形成大范围渗透性的传播，与平台和第三方媒体的短期宣传合作相比，更加具有性价比和长期性。

"武汉市文化和旅游局"官方微信公众号传播指数长期名列前茅，并跟排在后面的账号形成了断层差距，整体运营效果非常出色。

以"武汉市文化和旅游局"微信公众号为例，它利用推陈出新的内容、清新出彩的角度，展现出了武汉独特的自然美景和人文魅力。很多人关注该账号的原因都是被细腻生动的文字和精致养眼的图片所打动。那种极具代入感和视觉美感的图文，激发了人们对美好事物的联想，唤醒了市民内心对城市的认同感和自豪感，很容易在朋友圈形成大范围传播，从而实现了超预期的传播效果。评论区有网友各种毫不吝惜的赞美之词："优美的图文排版""高超的摄影技术""打动人心的故事"等，这些都是年轻人喜欢的理由。

山东省着力探索新媒体整合营销方式，围绕"好客山东"品牌，16城市联动推进，覆盖全网N个平台，形成"1+16+N"新媒体工作模式。山东坚持"内容为王"，开展全省文旅内容共创行动，并与省内外主流媒体共创新媒体矩阵，分享"好客山东"的故事。同时，山东面向境外，在Facebook、Twitter、YouTube、抖音海外版等社交平台开设多个账号，让广大海外用户深入了解山东的自然风光和人文风情。

江苏省运用新媒体思维，搭建"融"的载体、打造"融"的品牌、放大"融"的效应，探索走出一条数字化赋能文旅融合发展的实践路径。借助戏曲百戏（昆山）盛典打造了一系列"白天观景、晚上看戏"的文旅融合产品，吸引年轻观众通过新媒体平台看戏、聊戏、关注戏。年轻观众不仅是文化体验的参与者，也成为文化价值的传播者。此外，江苏还较早在新平台开通"水韵江苏"官方账号，通过发布原创、达人共创、创建话题等形式分享旅游攻略，吸引更多人从线上"种草"到线下"打卡"。

在未来的日子里，个性化城市品牌塑造必定是一项政府主导、全民参与的系统性工程。而在城市品牌策略上，政府需要从城市品牌定位着手，强化传播主体、整合传播渠道，重视传播内容与形式创新，深度探索传播的新路径与策略，从而实现现象级的城市品牌效应。

在数字化时代，文旅政务信息传播正经历着一场革命。文化和旅游政务新媒体传播创新可以理解为在文化旅游领域，政府部门利用新媒体手段进行传播的创新实践。例如在文化和旅游政务新媒体的发展历程中，微信公众号在分析定位和故事化传播策略等方面不断发展创新。

首先，微信公众号的兴起为政务新媒体带来了机遇。通过建立官方微信公众号，政府可以直接与公众进行互动和信息传递。微信公众号提供了一个即时、便捷、互动性强的平台，政府可以通过发布文字、图片、视频等，传递政务信息、推广文旅资源，并回应公众关切的问题。微信公众号也为政府与公众之间建立了更加紧密的联系，增强了公众参与和共享治理的意识。

其次，分析定位是传播创新中的重要一环。通过数据分析和定位，文化和旅游政务新媒体能够更准确地了解目标受众的需求和偏好，从而精准定位传播策略。政府部门可以利用数据分析工具了解公众的兴趣、关注点和行为特征，根据这些信息制订有针对性的传播策略，以增强传播效果。

再次，故事化传播策略也是文化和旅游政务新媒体的重要创新方向。政府通过运用故事化的手法，将政务信息、文化资源、旅游体验转化为生动有趣的故事，以吸引公众的注意力并引发共鸣。故事化传播策略能够激发公众情感和兴趣，增加信息记忆度。文化和旅游政务新媒体可以运用视频、图文并茂的方式，讲述文化背景等故事，从而加强与公众的情感联系。

最后，文化和旅游政府机构在建设新媒体矩阵时，要在深刻掌握平台特质的基础上进行运营，实现各平台间的联通、互补，构建起矩阵式传播。从文化和旅游政务新媒体的发展现状我们能够看出，内容制作和传播是重点，服务层面有所欠缺。但是，文化和旅游政务新媒体除了宣传功能，"服务"也是其固有功能之一，所以，在未来的发展中要传播、服务双管齐下。

文化和旅游政务新媒体传播实现了矩阵化。随着政务新媒体网络的不断完善，各级文旅政府部门都开设了多个文化和旅游政务新媒体账号，彼此之间互相联系和配合，形成了规模庞大的文化和旅游政务新媒体矩阵。借助网络信息技术、平台应用和大数据分析，文化和旅游政务新媒体运营团队可以预判出哪些信息具有更强的传播力，哪些社交媒体平台更容易受到公众的关注。基于大数据分析的传播趋势，矩阵内的不同账号可以做好分工，按照一定的节奏分批次发布旅游文化类信息，通过微信、微博、抖音等多种方式，形成梯队式的矩阵化传播。文化和旅游政务新媒体的矩阵化传播能够扩大新闻的影响力和覆盖范围。

文化和旅游政务新媒体在传播创新方面不断发展。微信公众号的兴起为政府提供了直接互动的渠道，数据分析和定位帮助政务新媒体精准传播，故事化传播策略提升了传播效果。这些传播创新拉近了文化和旅游政务新媒体与公众之间的距离，促进了文旅资源的传播和共享。

传播创新主要体现在以下几个方面：

1. 多元化传播渠道

文旅政府部门可以利用多种新媒体平台，将文化旅游信息及相关政务服务传达给公众。不同的传播渠道可以覆盖更广泛的受众群体，提高了信息的传播效果。

目前，我国政务新媒体在社会治理中的作用愈加凸显，已经成为信息发布、舆论引导、服务民生的主要渠道，特别是随着社交媒体平台的多样化发展，文化和旅游政务新媒体的传播"阵地"已转向短视频类、知识类社交平台。所以，在未来的发展中，政府部门不仅要打造形式多样的内容产品，更要加强文化和旅游政务新媒体的交流、互动功能，贴近民生、倾听民意，深入了解民众所需、所求，以便更好地为民众提供服务。

2. 互动式传播形式

传统的政务宣传往往是单向的信息传递，而新媒体传播则可以实现与用户的互动，提高用户的参与度。政府部门可以借助互动功能，开展问答互动、在线投票、线上讨论等活动，促进与用户的有效沟通和交流。

3. 故事化传播策略

在传播文化旅游信息时，政府部门可以采用故事化的方式，讲述具有吸引力和情感共鸣的故事。通过将文化旅游背后的历史、人文、地理等元素融入故事中，可以更好地吸引公众的关注和参与。

4. 数据驱动的传播决策

新媒体传播提供了丰富的数据分析手段，政府部门可以通过对用户行为数据的分析，了解用户的兴趣偏好和需求，从而进行精准的信息推送和传播策略调整。数据驱动的传播决策可以提高传播效果，并为政府部门提供决策依据。

5. 跨界合作与创新

政府部门可以与文化旅游行业相关的企业、机构进行合作，共同开展创新实践。例如，与旅游平台合作，将政务服务与旅游产品结合，提供一站式的文化旅游服务；与文化创意产业合作，推出创新的数字文化产品等。

6. 海外传播实力"破圈"

近年来，上海文旅聚焦优质资源，在增强城市文旅资源曝光度、呈现城市丰富多元场景、传递城市立体鲜活形象等方面提前布局发力，不断提升上海文旅的全球叙事能力。2018 年起，上海市文旅局推出鲜活有趣的"海派"社交媒体矩阵，向世界推广江南文化、海派文旅的独特魅力，用新媒体语言讲好精彩的上海故事。

"生活""美食""建筑""骑行""发现上海""上海迪士尼"等，这些都是海外主流媒体平台有关上海的热搜关键词。作为繁华时尚的"国际都会"，上海海纳百川的多元化国际形象根植于世界。

2022 年，"上海文旅"Facebook 账号粉丝数超过 138 万，粉丝增长 12.7 万人，共发帖 779 条，总互动量超过 116 万次，其中点赞超过 105 万次，分享近 11 万次。Instagram 账号粉丝数 17.3 万，粉丝增长 6.4 万人，共发帖 1137 条，总互动量将近 93 万次，其中点赞近 80 万次，分享超 11 万次。Twitter 账号粉丝数超过 9 万，共发帖 1938 条，获得点赞量超 17 万次，转推超 5 万次。YouTube 账号粉丝数约 6000，发布了 102 个视频，视频总播放量 19.8 万次。

总之，移动互联网时代，文化和旅游政务新媒体是政府联系群众、服务群众、凝聚群众的重要渠道，有助于优化政府治理、建设服务型政府，推进国家治理体系和治理能力现代化。当前，政务新媒体已经融入大众的日常生活，新传播技术为政务服务提供了新平台，同时对政务新媒体的内容和传播方式提出了新要求。文化和旅游政务新媒体传播创新促进了信息的有效传播和政府部门的服务创新。

第三章
亮点：新媒体重塑文旅政务传播新格局

在新媒体时代，文旅政务传播正在经历一场重塑，一些城市以现象级的呈现方式在新媒体平台脱颖而出，吸引了人们的关注。城市文旅官方媒体与自媒体的内容创作和宣传推广，将城市独特的文化、旅游资源和政务举措展示给广大用户，打造个性化的城市品牌形象。

这些城市的文旅机构运用社交媒体的传播属性，成功地让城市"出圈"。它们可能采取多种策略，如制作有趣的视频内容、设计独特的互动活动、与网红合作等。这些策略不仅能够吸引更多的用户关注，还能够增加用户的参与感和互动体验。与此同时，政务传播也在新媒体的影响下发生了变革。政府部门通过新媒体平台直接与公众进行沟通和互动，传递政策信息、解答疑问和接收反馈。新媒体成为公众解决公共问题的工具和参与公共问题讨论的平台。这种直接的互动模式能够增加文旅政府部门与用户之间的交流，增加城市文化和旅游宣传的多样化与丰富度。

新媒体平台的发展使得传播途径更加多元化，传播效果更加直观和立体。在这种背景下，文旅政务传播也开始了新的转型，进入全新的发展阶段。本章节将通过分析新媒体对文旅政务传播的影响，探讨如何利用新媒体重塑文旅政务传播的新格局。首先，本章节分析了新媒体时代下文旅政务传播面临的机遇和挑战，新媒体使得官方媒体和公共舆论场合呈现出多元化、互动化、网络化的特点。其次，本章节提出了新媒体重塑文旅政务传播新格局的主要举措，包括建立开放共享的平台、创新传播方式与内容、加强策划与创意、提高传播效果与影响力。最后，本章节对新媒体重塑文旅政务传播新格局的应用案例进行了总结。

总而言之，新媒体正在为文旅政务传播带来一场重塑，并推动城市发展"出圈"。文旅机构通过巧妙运用新媒体平台，可以实现差异化定位，增加品牌影响力。政府部门也可以更好地与公众进行互动和沟通。这些变革将为城市带来全新的发展机遇和挑战。

第一节　改革与创新

随着信息技术的迅猛发展，新媒体平台如微博、微信、抖音等成为人们获取信息、交流和互动的重要渠道。在文旅政务传播领域，新媒体以其便捷、快速和互动性强的特点，给传统的传播方式带来了全新的机遇和挑战，在重塑文旅政务传播新格局中发挥了重要的作用。

首先，新媒体改变了传统文旅政务传播的模式。过去，文旅机构通过公告等方式向公众传达信息，而新媒体则提供了更加多样化的传播方式，例如通过微博、微信等发布即时消息，通过小程序提供在线服务等。这种改变使得信息能够迅速传递给更广泛的受众，并实现了传播的双向互动，促进了政务工作的公开透明和民众参与度的提高。新媒体重塑文旅政务传播新格局的首要任务在于建立一个开放共享的平台，打破原有的垄断，让传播渠道更加多元化，进一步提高传播效果。

其次，新媒体丰富了文旅政务传播的形式和内容。新媒体平台综合图文、视频、音频等多种媒体形式，更生动地呈现文旅政务的内容。例如，通过发布旅游景点的图片和视频，可以直观地展示其魅力和特色；通过推送政务新

闻的短视频或音频，可以快速传递重要信息并引起公众关
注。这种多样化的表达方式不仅增加了传播的吸引力，还
提升了公众对文旅政务的参与度。在新媒体时代下，应该
促进传播方式与内容的创新，比如，运用专业化语言、互
动性视频等方式，推动文旅政务信息更好地呈现。

最后，新媒体还为文旅政务传播带来更广阔的覆盖面。
移动互联网的普及使人们可以随时随地通过手机等终端接
收和分享信息。这使得文旅政务传播能够打破时间和空间
的限制，满足了人们随时获取信息的需求。同时，新媒体
也为文旅政务传播拓展了受众群体，这种广泛的覆盖面有
助于提高文旅政务信息的传播效果。

总之，新媒体在重塑文旅政务传播中扮演着重要的角
色。它通过改变传统的传播模式、丰富传播形式和内容，
拓展受众覆盖面，促进了文旅政务传播的改革与创新。未
来，随着新媒体技术的不断进步，文旅政务传播将面临更
多机遇和挑战，需要不断适应和创新，以更好地服务于公
众和推动社会发展。新媒体时代下，文旅政务传播需要有
更加深入的策划与创意。只有加强规划、设计、文案编写，
才能让文旅政务信息更富有创意感，更加符合公众需求。

推动文旅政务传播的改革和升级，新媒体的合作和创
新将成为关键策略。《"十四五"文化和旅游发展规划》

指出，文化和旅游加快融合、相互促进，发展基础更加稳固，动力活力日益迸发，体制机制不断健全，优势作用逐步显现。文化事业、文化产业和旅游业成为满足人民美好生活需要、推动高质量发展的重要支撑，在党和国家工作全局中的地位和作用愈加突出。

文旅政务新媒体作为"互联网＋文旅政务服务"的重要组成部分，具有文旅政务公开、信息传播、宣传等功能，是我国文化与旅游传播的重要阵地，是公众获取信息和表达意见的重要渠道。通过结合新媒体技术和平台的两方优势，政府可以更加高效地传递旅游信息、宣传城市文化、推广旅游资源，并与公众建立紧密的互动联系。

首先，政府将加强新媒体平台的建设和运营，以扩大传播的覆盖面和影响力。通过建立官方网站、移动应用程序以及社交媒体账号等多样化的渠道，政府能够更直接地向公众提供旅游信息和服务。这些平台可以发布旅游景点介绍、线路推荐、文化活动预告等内容，吸引公众的关注并激发他们的兴趣。政务新媒体已经融入大众的日常生活，人们通过政务新媒体获取信息和服务已成常态。政务新媒体成为政府联系群众、服务群众、凝聚群众的重要渠道，是加快转变政府职能、建设服务型政府的重要手段。

2009 年以来，多地党政机关深入探索政务新媒体的传播方式，以新的话语方式对话网民、服务社会。浙江省文化和旅游厅先后开通网站、微博、微信、抖音号等，打造文化和旅游政务新媒体矩阵。政府部门需要明确新媒体平台的定位，同时建立独立的部门负责各个平台的文化和旅游政务新媒体运营工作，以确保独立性和专业性。政府部门也应加强对新媒体平台的安全防护和管理，及时发现并处理违规内容，增强平台的公信力和安全性。文化和旅游政务新媒体具有媒体宣传和政务服务的双重属性，是新时代社交媒体环境下党和政府部门发布文旅信息、传播城市形象与文化的重要抓手。在"每个人都可以发声"和"每个人都能发布信息"的自媒体时代里，大量虚假信息充斥着舆论环境，作为权威官方媒体，应该承担责任，从一个更公正和更负责任的角度去引导和规范文旅舆论。

其次，政府将积极培育和引导新媒体创新，培育文化和旅游融合发展新业态，鼓励公众参与文旅政务传播。通过开展摄影比赛、征集旅游故事等方式，政府可以吸引公众积极参与。这些用户生成内容（UGC）将丰富传播渠道，增加真实性和亲近感，为文旅政务传播注入新的活力和创意。

《"十四五"文化和旅游发展规划》指出，培育文化和旅游融合发展新业态，推进文化和旅游业态融合、产品融合、市场融合，推动旅游演艺、文化遗产旅游、文化主题酒店、特色节庆展会等提质升级，支持建设集文化创意、旅游休闲等于一体的文化和旅游综合体。鼓励在城市更新中发展文化旅游休闲街区，盘活文化遗产资源。建设一批国家文化产业和旅游产业融合发展示范区。推进文化、旅游与其他领域融合发展。利用乡村文化资源，培育文旅融合业态。发展工业旅游，活化利用工业遗产，培育旅游用品、特色旅游商品、旅游装备制造业。促进文教结合、旅教结合，培育研学旅行项目。发展中医药健康旅游，建设具有人文特色的中医药健康旅游示范区（基地）。结合传统体育、现代赛事、户外运动，拓展文旅融合新空间。实施一批品牌培育项目，推动文旅融合品牌化发展。探索推进文旅融合 IP 工程，用原创 IP 讲好中国故事，打造具有丰富文化内涵的文旅融合品牌。

社交媒体时代，各大新媒体平台促使公众角色由被动的信息接收者逐步转变为内容生产者与再传播者，公众的认知、态度与需求被放大，信息传播机制发生了结构性变化。文化和旅游政府部门需要根据公众需求优化平台内容，深入挖掘文旅资源，推出各类喜闻乐见的内容，增强平台的吸引力和互动性。同时，加强新媒体平台与用户的互动，引入互动性机制，如在线问答、用户反馈等，增强平台运营的针对性和实效性。

最后，政府应利用数据分析和人工智能等技术手段，深化对公众需求和行为的洞察，以精准推送信息和服务。通过收集和分析游客的偏好、兴趣和行为数据，文旅机构可以更好地理解目标受众，并提供定制化的旅游体验和推荐。

《"十四五"文化和旅游发展规划》指出，推进文化和旅游数字化、网络化、智能化发展，推动 5G、人工智能、物联网、大数据、云计算、北斗导航等在文化和旅游领域应用。加强文化和旅游数据资源体系建设，建立健全数据开放和共享机制，强化数据挖掘应用，不断提升文化和旅游行业监测、风险防范和应急处置能力，以信息化推动行业治理现代化。

政府部门可以借助网络公共关系的大数据，分析消费者的消费习惯、兴趣爱好，制定更加精准的推广方案。随着科技的不断发展，政府部门将推进数字化、智能化、信息化等多元化建设，更好地为用户提供贴心、全程、即时的服务。互联网的实时传播造就了信息生产的碎片化、信息消费的快餐化，在此背景下，文化和旅游政务新媒体应善于运用大数据、云计算、人工智能等技术分析研判信息传播内容。

　　综上所述，政府通过加强新媒体平台建设、鼓励公众参与和创新，以及利用数据驱动决策和运营，提高文旅政务传播的效果和影响力。这将推动旅游业的发展，促进城市文化的传播与交流，增强政府与公众的互动与合作。

　　政府应加强旅游信息基础设施建设，深化"互联网＋旅游"，加快推进以数字化、网络化、智能化为特征的智慧旅游发展；加强智慧旅游相关标准建设，打造一批智慧旅游目的地，培育一批智慧旅游创新企业和示范项目；推进预约、错峰、限量常态化，建设景区监测设施和大数据平台；以提升便利度和改善服务体验为导向，推动智慧旅游公共服务模式创新；培育云旅游、云直播，发展线上数字化体验产品；鼓励定制、体验、智能、互动等消费新模式发展，打造沉浸式旅游体验新场景。

第二节　应用案例分析

　　随着经济水平的提高与文化消费观念的升级，公众对文旅类服务的需求越来越大。如今，文化旅游产业和信息化技术高度融合，新媒体移动社交平台已成为政府宣传文旅形象不可或缺的载体，为城市旅游发展以及文旅政务传播提供了契机。社交媒体时代，移动互联网平台是公众获得文旅资讯的主要渠道。根据中国互联网络信息中心发布的第 52 次《中国互联网络发展状况统计报告》，目前我国网民规模已达 10.79 亿人。在这样的背景下，文旅信息的传播方式更加多样化，传播主体更加多元化。

随着互联网和新媒体技术的快速发展，社会各行各业都受到了深刻的影响和变革，文旅政务传播也不例外。在新媒体时代，文旅政务传播面临着前所未有的机遇和挑战。借助社交媒体平台，文旅政府部门信息传播以自媒体的方式涌入互联网环境，以自媒体为基础的政务新媒体迅速成为主流传播的重要组成部分，并具有了相当的影响力。

随着公众对文化旅游信息的关注度不断提高，文旅政府部门纷纷向新媒体平台靠拢。山东高度重视文旅产业发展，接连出台《山东省文化旅游融合发展规划（2020—2025 年）》《"十大创新"行动计划》《关于促进文旅深度融合推动旅游业高质量发展的意见》等文件，对文旅新媒体建设工作提出了明确要求。同时，山东省文旅系统将"新媒优先、勇于领先，省级率先、市市争先"作为新媒体宣传推广工作的共同准则。

目前，山东省文化和旅游厅开设"好客山东"微信公众号、微博、抖音、今日头条等 21 个新媒体账号，日均发文量 110 篇，总粉丝量超过 1200 万。2021 年 12 月，"好

客山东"抖音账号得到中央网信办通报表扬，获"走好网
上群众路线百个成绩突出账号"，是全国第一个入选的文
旅政务抖音号。2022年3月，国务院办公厅表彰优质账号
及经验做法，"好客山东"今日头条账号是山东省唯一入
选的账号，也是全国文旅政务部门唯一入选的账号。

流量是新媒体的生命线，得流量方能赢得市场。山东
是第一批开通官方微博、微信公众号的省份，组建了全国
数量最多、规模最大的旅游头条号矩阵。文旅传播矩阵初
具雏形。山东文旅系统各级单位积极参与，集体入驻今日
头条、抖音、快手等重点网络新媒体平台，并乘势而上，
紧抓机遇，着力推出一系列品牌活动。

2018年，短视频流量红利期来临，山东省文旅厅抓住
机遇，4月开通官方抖音号，7月与抖音平台合作推出"跟
着抖音游山东"，催化了"烟台养马岛"等火爆"出圈"，
成为当年现象级营销事件。

2019年开通快手账号，推出"我为好客山东代言"
活动。目前"好客山东"快手、抖音账号粉丝量均已超
百万，是全国双百万的文旅政务号。

文旅产业指数实验室发布了2022年度全国省级文旅
新媒体传播力指数报告，山东省综合传播力指数排名第一。
在市级TOP10榜单中，济南、青岛、烟台、聊城、滨州等

城市多次入选。

以"济南市文化和旅游局"微信公众号与抖音号为例，所发布的推文和短视频受到广大网友的关注，备受好评，是市级文化和旅游政务新媒体运营的典型代表。济南市文化和旅游局新媒体平台的内容制作由一个年轻、专业的团队完成，团队成员擅长捕捉社会热点，掌握短视频传播的"流量密码"，快速吸引眼球，在内容创作方面更加贴合年轻受众的喜好。济南市文化和旅游局还在微博、今日头条等媒体平台建立账号，形成全面的传播矩阵。

深耕原创内容，突出济南文化。文化和旅游政务新媒体想达到更理想的传播效果、吸引更多受众，必须深耕原创作品。文化是旅游的灵魂，旅游是文化的重要载体，任何一种媒介单一的叙事话语都不可能满足所有受众群体。在文旅融合的大背景下深入挖掘区域文化内涵是展现城市形象独特性的关键。在当前数字化浪潮下，新媒体在文化旅游行业中的作用越来越重要。济南市文化旅游政府部门应及时跟进时代步伐，深耕原创内容，打造精品内容，以此向大众展示济南丰富的文化资源和厚重的历史底蕴。济南市文化和旅游局建立了一支由专业作家、摄影师、制作人员组成的创作团队，对济南文化进行了深度挖掘和展示。团队的创作内容取材于济南的历史遗迹、文物，他们还撰写了一系列有文化深度、情感共鸣的文章，同时配合精美的图片和短视频，呈现出一份高品质的济南文化旅游资讯。针对济南文化旅游行业的政务信息发布，济南市文旅局建立了一个全新的政务新媒体平台，定期发布济南文旅政务新闻。比如在疫情防控期间，及时发布相关政策和指导建议，同时与相关部门建立起了快速反馈的机制，为游客提供更加实时的信息支持。

2022年"五一"假期第三天，济南市文化旅游系统统筹疫情防控、安全生产和假日消费，在积极落实科学精准防控措施的同时，充分发挥智慧文旅作用，推出"云阅读""云演艺""云展览"等丰富多彩的线上活动，最大限度满足群众居家生活的精神文化需求。

济南市创新推出智慧文旅新模式满足群众居家精神需求，基于此，"云阅读"成为新型居家休闲方式。济南市文化和旅游局、济南市图书馆在"五一"假期推出的升级版"泉民悦读"扫码看书免费数字阅读服务受到市民热捧。首届"泉民讲书人"线上大赛、"春来疫去·画笔荐书"济南市青少年读书绘画大赛、"五一读书晒笔记"等活动吸引了众多市民积极参与。

与此同时，济南市文旅局通过"云演艺""云展览"丰富群众精神生活。济南市京剧院利用微信公众号、微信视频号、抖音号等开展"五一劳动节优秀剧目线上展播"——新编京剧《辛弃疾》。济南市文化馆利用微信公众号推出了"艺术在线学——山水画""曲山艺海——星乐汇"周周演视频展播等系列线上专题活动。济南市数字文化馆网站持续开展系列专题活动，在"艺术培训"栏目中，推出了"新市民·新课堂"公益慕课视频展播；在"网上云展厅"，分别推出了2021年度"新市民·新课堂"公益性艺术辅导培训成果作品展、"万山红遍"——济南市文化馆"新市民·新课堂"山水画研修班师生作品展、"江山如画"——"新市民·新课堂"赵德勋师生作品展、"艺路同行"——济南市最美儿童书画展、"河和之契 幸福联春"——山东省暨济南市2022年楹联征集优秀作品展、济南面塑专题艺术线上展以及雕刻艺术展等。同时，在"文化直播"平台推出了"2021年度优秀群众文化系列活动直播回顾"展播。

同时，济南市文化和旅游局还注重社交媒体的互动功能，将内容分享给更多的用户群体，并且通过抽奖等活动吸引更多粉丝的关注。这种互动也为文化和旅游政务新媒体提供了更加全面和立体的展示空间。

根据议程设置理论，媒体信息传达方式会赋予各种议题不同程度的显著性，影响着公众对事物的判断。一般来说，媒体突出报道哪些内容，公众就会对哪些内容更加关注。因此，文化和旅游政务新媒体议题设置和报道策划显得尤为重要，作为政府主导的新媒体，一方面要做好舆论引导工作，将网络热点与时政内容结合起来，坚持正面宣传为主的报道方式；另一方面要精心谋划，结合地域文化，注重故事性与真实性，传递有温度、有能量、有情感的视频内容。议题要选择能够引发受众"集体记忆"的主题内容。所谓"集体记忆"指的是一个特定社会群体成员共享往事的过程和结果，从而增强群体的凝聚力。文化和旅游政务新媒体通过构建一个情感共鸣的平台，吸引更多受众参与，增强情感互动。例如曲水亭街、玉符河、李清照等都是属于济南人独有的城市记忆，济南文化和旅游政务新媒体可以通过对老建筑等标志性符号的专题报道，唤起公众对济南的认同与集体记忆。

为了更好地推广济南的文化旅游资源，济南市文化和旅游局从多个角度对文化遗产的历史、艺术、传承、保护等方面进行深入探讨，并且注重与游客建立沟通和互动。在此基础上针对不同的主题，如夜间经济、文化旅游大数据等，开展系列报道和活动。文化旅游主要的特点不仅包括人们对旅游目的地的兴趣，也包括了愿意将目的地拓展为自己的精神空间。因此，文化和旅游政务新媒体应该注重建立游客与目的地之间的情感纽带，尝试通过各种方式建立游客与济南文化旅游的深度联系。例如，"济南文旅"头条号于 2021 年 1 月 13 日发布了名为《在济南有一种记忆，叫做西市场》的文章收获了 1759114 的展现量。同时，高展现量也能带来积极的用户互动。另有 4 篇文章的展现量破百万，分别是《受"烟花"影响，华东地区风雨加强，今天下午起山东局部地区有雷雨或阵雨》《这就是山东！走！没人能空手走出山东大集》《挖掘机抢险哪家强，面对黄河汛情山东蓝翔技师学院百名师生硬核防汛！》《济南 750 米山巅上的野奢秘境，承包了无数人向往的浪漫，来了就不想走！》。分析以上文章内容可以发现，用户更喜欢"接地气"的、与自身生活息息相关的、能引起共鸣的内容。

与此同时，文化和旅游政务新媒体还应积极引导用户进行创作与投稿，利用用户视频素材，形成"PGC（专业生产内容）+UGC（用户生成内容）"的制作形式，实现官方与民间舆论场的互补，这样既丰富了议题内容，又发挥了政务新媒体作为共同情感空间的重要意义。

坚持正确的主流价值观，规避泛娱乐化。文化和旅游政务新媒体是城市文旅形象塑造的推广者。作为政府为主导的文旅政务新媒体，在内容形式上不能一味地迎合娱乐化市

场，不能对制作内容进行简单机械复制，要更多地弘扬本土
风情文化。例如可以积极宣传"北方小江南"的济南城市形
象、大明湖文化、美食鲁菜等，做出系列短片，实现娱乐性
与正能量的统一，立体生动地展现济南文旅形象。

　　文化和旅游政务新媒体应该秉持正确的主流价值观，
引领和塑造文化旅游行业的发展方向。在内容方面，应该
注重挖掘和呈现旅游目的地的文化内涵，同时，也应该加
强对道德和社会责任的宣传，引导游客树立正确的文化价
值观和旅游观念。文化和旅游政务新媒体的发展不能只停
留在泛娱乐化的层面，需要注重文化内涵。因此，应该推
出更多文化精品，包括纪录片、微电影等，展现浓厚的文
化氛围和深厚的历史底蕴。在内容设计上应该注重传承文
化、推广文化、塑造文化，鼓励游客将旅游视为"体验文
化"的过程。同时，还需要时刻关注和强化社会责任和法
律意识，要遵守法律规定，防止出现不良影响和社会负面
效应。对于任何违法和不道德行为应该予以严厉打击，营
造健康、和谐的旅游环境。

　　综上所述，文化和旅游政务新媒体发展需要建立健康
文化旅游行业的价值观和发展模式，增强文旅产业与社会
的互动和融合。

　　为提高泉城济南的城市品牌知名度，扩大文旅行业各

单位在互联网新媒体的传播影响力，提升济南文旅数字化推广水平，形成新媒体宣传合力，济南市文化和旅游局高度重视新媒体建设，整合微信、微博、抖音、今日头条等15个新媒体资源建成新媒体矩阵，以联动传播、矩阵化手段创新开展新媒体公共服务与城市品牌营销推广，成效显著。2021年，矩阵牵手王牌真人秀，开展"奔跑吧济南"全网营销推广，相关话题多次冲上热搜榜，话题讨论万余人次；微博话题"醉美济南"阅读量高达3.3亿次；济南首次申评即入选2022年中国"东亚文化之都"，"东亚文都 天下泉城"品牌获网民认可。济南文旅政务新媒体开展"礼赞百年 云游泉城"系列直播57场；举办"春日'醉'泉城"手机摄影大赛，征集优秀作品400余幅，相关话题阅读量超2000万次；联合抖音、今日头条开展"寻游泉城 发现美好山东"城市文旅IP项目。

全国市级文化和旅游新媒体综合传播力指数评价维度由微信传播力、微博传播力、头条号传播力和抖音号传播力4个指标构成，权重分别为40%、25%、15%、20%。基于上述4项传播力的综合评价，2022年综合传播力指数排在前列的城市有：济南、武汉、福州、洛阳、烟台、青岛、南宁、长春、绍兴、厦门。

济南市文化和旅游局今日头条账号运营的主要板块有

以下几个方面：文章、视频、微头条、发布厅、矩阵、合集、问答及小视频。"济南文旅"头条号日更内容包括高质量的原创内容及与其账号定位相符合的转载内容。完整的运营团队使得济南文旅头条号保持着持续的内容输出和账号的高活跃度。

济南文旅头条号内容相对宏观，基于全局视角对济南的城市形象规划进行内容生产和宣发。2021 年济南文旅头条号的内容丰富、具体，主要包括济南的历史文化资源、城市建设、交通运输、商业活动、疫情防控、政策解读、未来规划等，可以充分展现济南市文化和旅游局对济南城市形象的宣传定位。

综上所述，济南市文化和旅游局在文旅政务新媒体方面的投入和实践取得了一定的成效，并且已经为济南文化旅游行业的发展带来了拉动效果。

以全国市级文化和旅游政务新媒体为例，在建设与宣发方面采取了不同的发展策略。自 2018 年起，西安市文旅部门就与抖音平台展开全面合作，通过抖音达人深度体验、抖音版城市短片等对西安进行全方位的包装推广。在抖音平台，西安爆款不断，从"摔碗酒""毛笔酥""不倒翁小姐姐""长安十二时辰"到 2023 年的"盛唐秘盒"，这些爆红 IP 不仅促进了城市旅游形象传播，也因为形式新颖、趣味性强,激发了游客主动分享的欲望。西安特色的文旅场域依托短视频社交平台,不断催生新的文旅消费增长点,并在短时间内实现裂变式传播,收获了高关注度、强影响力。西安市文化和旅游局将城市宣传的着力点放在城市文化宣传上,文化主题类视频占据视频总量的 74.6%。此外,在传播效果方面,以"西安文旅之声"为例,超过 80% 的视频的分享量大于该视频的评论量。

社交媒体成为现代城市宣传的重要手段,武汉市文化和旅游局充分发挥社交媒体平台的优势,通过发布文化旅游资源、政府工作进展情况等内容,提高了市民对政府工作的信任感,吸引了更多游客到来,为武汉提升城市地位、增加城市影响力发挥了重要作用。例如,市政府在疫情防控期间,通过微博、微信等平台第一时间发布信息和应对措施,极大缓解了市民的紧张情绪,提高了政府的公信力。政府将新媒体作为一种宣传平台,开展网上调查、征求市民意见等活动,增强市民的参与感和归属感。武汉市文化和旅游局通过微信公众号等社交媒体平台,成功推广城市的文化旅游资源,吸引了更多游客的到来。例如,"武汉旅游"微信公众号推送了武汉历史文化、美食、旅游景点等内容,增进了人们对武汉旅游的了解和兴趣。此外,武汉市文化和旅游局还通过网络直播等形式,将武汉文化旅游资源推向全国甚至全球，让更多人了解和喜爱武汉。

在"武汉市文化和旅游局"抖音号专栏中有"好看武汉""好吃武汉""趣读武汉""来武汉，过周末""相约武汉，赏樱"等合集，涵盖了武汉吃喝玩乐等多个方面的文旅信息。平台通过一系列短视频营造出鲜明的本土化特征，打造出形式多样、内容丰富的视频风格。我们通过分析"武汉市文化和旅游局"抖音号评论区的词频发现，"武汉""家乡""灯光秀""点赞""好美""太美了"等词成为大众评论的热词，这些短视频无形中拉近了江城武汉与大众之间的距离，唤起了大众对武汉的城市记忆，凸显了江城的人文气息。

上海市文化和旅游政务新媒体发展同样迅速，政府利用微博、微信等新媒体及时发布政策和实施结果，让市民更好地了解政府的工作进展情况。上海市文化和旅游局开设了全球首个旅游主题的微博话题：#旅游上海，魅力无限#，并在微信公众号开设账号，发布上海的旅游攻略、美食、景点介绍等内容，吸引更多人来上海旅游。济南、西安、武汉、上海等城市都通过新媒体改变其文旅政务传播方式，并取得了一定的成效。随着新媒体技术的不断发展创新，相信各地的文旅政务宣传也将不断得到加强和改进。

第三节 现象级"出圈"城市

随着经济社会的发展和人民生活水平的提高，旅游行业成为国民经济中不可或缺的一部分。文化和旅游政务新媒体作为旅游行业中的重要组成部分，也越来越受到各地政府和企业关注。

城市旅游目的地新媒体整合营销，就是旅游资源管理机构综合利用营销系统，以游客为中心，以新媒体为主要传播载体和手段，形成旅游产品跨媒体协同精准传播的营销模式。各地文旅部门要在分析淄博、哈尔滨文旅宣传现象级"出圈"的基础上，进一步探讨新媒体主导下的文化内涵与传播形象一体化的文旅宣传模式。在宣传意识、宣传内容、宣传平台、宣传逻辑、宣传视角中形成文化内涵的深度切入点。

淄博是一座历史悠久的城市，文化底蕴深厚，拥有丰富的自然资源和人文景观。如何将淄博的城市形象宣传推广开来，吸引更多的游客前来参观旅游，提高淄博的知名度和美誉度，成为城市发展中的重要问题之一。新媒体的迅猛发展使得信息传播的方式和途径发生了翻天覆地的变化。在这个背景下，淄博市积极运用新媒体手段，通过创新的策略和模式，成功实现了城市形象的塑造和文旅政务的传播，取得了令人瞩目的成绩。

2023年12月，哈尔滨冰雪大世界退票风波将哈尔滨推上了风口浪尖，"泼天的富贵"还没到，负面舆情的暴风雪已经蓄势待发。次日，官方立刻发布了《致广大游客的一封信》，表达了歉意，并提出整改的措施，平息了这场风波。此后，前来哈尔滨旅游的南方游客剧增，哈尔滨紧紧抓住游客需求，主打一个"宠"字。负面舆情没有压垮哈尔滨的旅游，反而成为其优质服务的试金石。

淄博作为一个典型的三线城市，当地政府部门通过创新的传播方式和策略，成功地实现了城市形象的"出圈"，为其他城市提供了经验。

不同的城市文旅资源不尽相同，选择怎样的文化和旅游政务新媒体宣传路线要从实际出发。本小节将分析淄博、哈尔滨现象级"出圈"的背景、新媒体传播的关键因素、应用模式以及取得的成效，探讨淄博、哈尔滨城市形象火爆传播的原因，并从文旅政务新媒体的角度出发，分析其成功的原因和带给我们的启示。

1. 淄博、哈尔滨现象级城市"出圈"原因

作为一座历史文化名城，淄博有着得天独厚的自然和人文资源。近年来，淄博市政府高度重视城市形象宣传建

设，采取多种措施推广淄博城市形象，逐渐形成了淄博城市形象火爆传播的格局。

作为齐国故都和齐文化发祥地，淄博这片土地上孕育了姜太公、齐桓公、管仲、晏婴、孙武、左思、房玄龄、蒲松龄等一批历史文化名人，诞生了中国第一所官办大学——稷下学宫，产生了中国第一部管理学百科全书《管子》、著名短篇小说集《聊斋志异》等巨著，留下了齐国故城遗址、东周殉马坑、世界足球起源地、牛郎织女民间传说、周村古商城等浩繁的文化遗存，这些优质文化资源为城市形象的塑造提供了强大的支撑。

淄博的火爆"出圈"，源于一则"大学生组团去淄博吃烧烤"的新闻：大学生们周末来到淄博，有人拍照片，有人录视频，有人开直播，喝着啤酒撸着串，脸上洋溢着青春的笑容，吸引了无数网友观看。网友在社交媒体的"打卡"创作极具个性化，从小红书"极限挑战48小时吃遍淄博"到抖音"灵魂烧烤'三件套'"，这种个性化攻略成为"打卡"的重要发起源头。似乎在一夜之间，"淄博烧烤"就火出了圈，"小饼烤炉加蘸料，灵魂烧烤'三件套'"，抖音、微博、朋友圈等渠道关于淄博烧烤的消息比比皆是，多个相关话题讨论热度实现了飙升。

"淄博烧烤"火起来后，当地文旅局等政府部门抓住此次机会，大力宣传淄博，各种福利政策不断出台：清华、北大在校学生在淄博景区游玩、指定酒店住宿全程免费；全市38个"青年驿站"为来求职的青年学生提供每年3次、每次2晚的免费入住；在其他景区的观光车还在变着花样收费时，淄博一些景区的观光电瓶车免费坐。

淄博还开通了"烧烤专列"，从2023年3月31日至4月23日，每周五到周日，从济南开往淄博只需要22分钟。文旅局长亲自带着队伍，在专列上搞宣传、送礼品。政府引导是淄博城市形象宣传建设的重要保障，淄博市政府作为城市形象塑造的主体，始终坚持以人民为中心的发展思想，充分发挥政府在政策制定、规划设计、项目评估等方面的作用，在城市形象宣传方面提供全方位、多层次的支持。

淄博城市现象级"出圈"，是城市治理现代化的一次探索和实践。在公众视野里，淄博人的努力让人刮目相看——市民会给游客赠送免费的灌汤包，司机看见外地车会主动让道，市场商铺规范经营……政府积极加大城市宣传，推出便民措施，规范市场行为，做好旅客服务，还发布了《致全市人民的一封信》，倡议让利于客、让路于客、让景于客。市场监管等部门对食品安全、社会治安、消防安全等方面进行严格检查，不仅让旅游消费者放心，也拉满公众的好感度。

城市文化融于城市的综合展现之中，包括历史、市容、人群、行业、服务等方方面面，其中，点点滴滴的细节都会影响消费者对于城市内在品格的诠释。因此，从消费者出发，立足于服务，将城市治理现代化理念融入亲民、惠民的服务举措中，协调整合各方力量，激发公民的主人翁意识，综合各种因素生成并延展城市品牌附加价值，对于管理者来讲，不仅是形塑城市形象的文化策略，也是一种具有远见的务实战略。

打造具有仪式感和场景感的消费体验。淄博烧烤不仅是一种美食，也是一种文化，有着鲜明的地域特色。消费者在品尝淄博烧烤时，不仅能够享受美味，也能够感受到一种仪式感和场景感。例如，在淄博市区有一家名为"老城根"的特色餐厅，它以清朝乾隆年间的建筑风格装修，还原了淄博烧烤的历史。消费者在这里吃烧烤，就像穿越了时空，体验了一种文化氛围。当地还成立了淄博市烧烤协会，推出一批"淄博烧烤+"特色文旅主题产品。

这些措施取得了显著的效果，不仅让更多的人认识和喜爱淄博烧烤，也提高了淄博这座城市的知名度和影响力，带动了餐饮、住宿、交通、旅游等相关行业的发展，促进了当地经济社会的转型。

优质文化资源与政府政策引导是现象级"出圈"城市的关键。再来谈哈尔滨，哈尔滨有冰雪大世界、东北虎林园、圣·索菲亚大教堂、太阳岛风景区、哈尔滨极地馆等，旅游资源十分丰富。更为难得的是，哈尔滨不仅有大量围绕冰雪主题而展开的各式旅游项目，夏天还会有太阳岛松花江索道、呼兰河口湿地景区、凤凰山国家森林公园等在内的诸多景区。

哈尔滨被誉为"冰城"，冰雪作为哈尔滨的城市标志，不仅是一种自然资源或一个标识，它更像是城市的"文化芯片"一样，让哈尔滨更具辨识度、记忆点。尤其是我国成功举办北京冬季奥运会后，随着"北冰南展西扩东进"战略的实施，我国成功实现了"三亿人参与冰雪运动"。冰雪旅游和冰雪运动逐渐从小众走向大众，成为大家喜闻乐见、广泛参与的娱乐活动。正是在这种冰雪热的大背景下，2023年底，各大社交媒体上出现了众多关于哈尔滨宠爱"南方宝宝"的热门内容，并纷纷登上热搜，推动哈尔滨成为"网红城市"。数据显示，2024年元旦假期，哈尔滨市累计接待游客304.79万人次，实现旅游总收入59.14亿元，游客接待量与旅游总收入达到历史峰值，"冰天雪地也是金山银山"在哈尔滨化为生动实践。

多元文化的深度融合和哈尔滨人民的热情成为哈尔滨

火爆"出圈"的因素之一。作为多元文化交汇的独特城市，哈尔滨有着混合型的多元文化。19世纪末20世纪初，大量侨民的涌入深刻影响了哈尔滨的音乐、建筑和哈尔滨人的生活方式。俄罗斯风情的典型建筑随处可见，经过哈尔滨人改良的俄罗斯大列巴、红肠仍然是哈尔滨最具特色的食品。这种独有的"洋味儿"和冰天雪地的融合，对南方人来说具有很大吸引力，让游客得以在"北国冰封雪飘，杏花烟雨江南"的"最萌南北差"中探索、体验和理解哈尔滨别具一格的文化。

哈尔滨市民用最真诚、最淳朴的方式表达着"哈尔滨欢迎你"：从性格粗犷的"的哥"温柔地说"公主请下车"，到被切成一块块的冻梨摆盘；从中央大街地下通道连夜铺就的防滑地毯，再到对11个"小砂糖橘"的全程贴心服务；从为游客送去暖心姜糖水的志愿者，再到为南方朋友制定攻略的当地热心网友……哈尔滨能够火出圈，离不开哈尔滨人情意满满的真心。

2. 政务新媒体平台的宣传营销

淄博市政府通过各类政务新媒体发布淄博城市形象的相关信息，让更多人了解淄博、认识淄博。此外，在特定的时期和特殊的活动中，淄博市政府还会组织或指导新媒体对淄博城市形象进行专题报道，进一步提高淄博城市形象的知名度和美誉度。

随着社交媒体的兴起，淄博市政府开始注重在新媒体平台上开展淄博城市形象的宣传工作。淄博市政府将城市形象宣传与互联网相融合，积极利用政务新媒体及其以外的社交平台，向用户推送淄博城市形象的相关信息，精准打造内容和形式，吸引更多的人关注淄博，并在社交媒体平台上进行互动和传播，使得淄博城市形象宣传的范围和影响力不断扩大。

抖音、快手、微博等社交媒体平台上有大量的美食博主，他们通过发布淄博烧烤的制作过程、食用场景、口感评价等视频和图文，展示淄博烧烤的特色和魅力，吸引了大量的网友关注。例如，抖音上有一位名为"淄博小饼哥"的美食博主，专门介绍淄博烧烤的各种花样吃法，视频点击量累计高达数百万次。这些内容创作者不仅为淄博烧烤提供了免费的宣传，也为消费者提供了丰富的信息。

2023年3月，淄博在短视频流量助力下一跃成为网红城市，"组团到淄博吃烧烤"等相关话题和视频占据各大平台热搜榜单，传播热度居高不下。有关淄博的短视频多为UGC创作，用户深度参与内容生产进行价值共创，用镜头记录淄博烧烤独有的视觉冲击力和动人的烟火气，这些创作内容在算法推荐下不断被传播。网民的分享衍生出多种多样的社交话题，如"淄博绿豆糕大爷""烧烤小胖暴躁喊号""烤炭小哥被熏黑"等。优质原创内容加上创意与灵感，为淄博文旅提供了最为广泛的表达方式。淄博市政府因势利导，出台多项政策保障游客出行体验，在数字公共空间建构了一个政通人和、好客淄博的城市形象。

在人们的印象中，淄博是一座中小规模的城市，历史文化底蕴丰厚。这座城因"烧烤"这种极为常见的大众美食在社交媒体平台走红，究其原因，最为直观的莫过于成功的"媒介化"宣传。步入信息时代，国家、社会都不可避免地要面临"媒介化"的转型。借由"媒介化"形塑，一个小事件都可能迅速成为人们关注的热点。但"媒介化"并不是一种自定义、封闭的媒体间的信息转化，而是一种能够呈现开放性和多元互动、往复的文化关系。"媒介化"通过勾连多种因素，能够使媒介物跃居中心，进而推动人们理解它的全部。

在淄博的"媒介化"过程中，人们开始不仅仅关注当地烧烤，淄博这座城市也被反复强调、凸显，激发了更多观者对城市形象的完整了解。当越来越多细节被发掘、被描述、被观看，"媒介化"形塑的力量便显现出来了。社交媒体传播、平台网红参与、主流媒体助力、食客现身说

　　法、政府联动运作、广大消费者的观点和情绪发酵，这些多维立体的传播方式在公众头脑中催生了一个关于淄博的"特殊全景"——未见其实先闻其名，"好客""热情""诚实守信"成为人们评价淄博的关键词，建构起人们对于淄博城市整体形象的前置性经验，进而演变为一种强大的说服力。

　　"媒介化"城市之所以能够打动公众，其关键在于引发了首因、晕轮两种心理效应。首因效应即在交往初期，由于最先接收到关于对方某个外部特征的信息，进而对其产生其他方面的认识，这些因素综合成为第一印象，会对接收者行为指引和交往行动产生重要影响。晕轮效应是指人们在对事物进行认知和判断时，常常从局部出发，进而扩散得到总体印象。淄博的"媒介化"过程中，亲历者的描述和渲染，极大影响着公众对城市形象的第一印象。之后的诸多特色消费、服务信息、官方推介，让公众更多地了解这座城市。第一印象在互动传播中像光环一样被放大，一次次撞击公众内心，将城市形象定格，激发起他们对于一座美好城市的向往。淄博文化和旅游政务新媒体在创新性内容方面进行了个性化塑造，把文旅资源核心竞争力依托于淄博烧烤这项文旅特色产品，但又不局限于只传播美食本身，其城市和谐稳定的氛围也是文化和旅游政务新媒体传播的重点。从文旅产品到传播内容的转化很大程度决定了新媒体宣传效果与文旅品牌形象的建构度，在转化过程中应抓住文旅资源本身进行个性化塑造，以创新内容增强吸引力。

哈尔滨"走红"后南方游客剧增，一个"南方小土豆"的称呼梗，将南北文化差异的"火花"放大。短视频营造出东北汉子为"小土豆"变夹子音的反差感，凸显了南方人的温柔可爱和东北人的热情直爽，将网友逗乐。当网上出现"小土豆"有歧视南方人身高之嫌的声音时，东北人立刻澄清，表明这是对南方游客的爱称。听劝的他们也开始改称南方游客为"南方宝宝"和"马铃薯公主"。哈尔滨在"媒介化"过程中，将这座城市与游客赋予人格化特征，引发网友共鸣的同时，还传递了东北人民的幽默感。

3. 多元的旅游产品与城市品牌标识

淄博旅游产品由文化、自然、商业等多个方面组成，涵盖了多种类型，能够满足不同人群的需求。

淄博作为一个拥有丰富文化资源、人才和经济活力的城市，在发展过程中需要一个能够代表其形象和文化的品牌标识。"烟火气""政通人和"是广大网友在淄博"走红"后给予该城市的代名词。这两个代名词具有一定的审美价值和艺术性，呈现出一定的现代城市独特的时代美感。

在新媒体全面进入公众视野的当下，城市品牌对于旅游消费者的吸引力一般源自四个方面：一是象征性。城市的风貌、功能、品位能够展现出一种文化意义，成为消费者自我表达的一种方式。二是情感价值。消费者能够从城市品牌的选择中找到情感上的寄托或共鸣。三是审美意蕴。消费者通过城市旅游确认一种生活情调或风格。四是文化认同。城市所具有的文化传统或氛围有助于提升消费者精神境界。马斯洛的需求层次理论将人的需求分为生理、安全、爱和归属、尊重和自我实现五个层次。消费者进行品牌选择时，上述需求构成他们的内在动机。此外，动机还会受到价值观、文化、社会习俗等方面的影响。经济标准、知名度、群体作用也是构成优先选择的要素。淄博城市品牌"媒介化"传播、城市的功能发挥及当地政府的作为，成功地实现了城市品牌的文化重塑。

淄博是古代齐国之都、聊斋故里、陶琉名城。千年积淀的齐风古韵，赋予了这个城市深厚的文化底蕴和丰富的旅游资源。近年来，主题园林、影视基地的建立，又给它增添了现代文明的光彩。传统文化与现代化交织发展，带给人们的不仅是新鲜感、松弛感，也是别具一格的文化体验。文化意义的输出，使"淄博烧烤"的魅力超出了物质层面，而上升到精神追求的领域。

此次淄博的"出圈"展现了城市的包容性和创新性。淄博烧烤不仅有本土特色,也有外来风味,融合了南北方各地的美食元素,体现了淄博城市的开放包容。同时,淄博市政府也充分利用新媒体平台,结合时事话题和社会热点进行宣传营销,创造了"淄博现象",体现了淄博城市的创新活力。

淄博与哈尔滨的成功经验给其他城市的文化和旅游政务新媒体在传播方面提供了借鉴和启示。其他城市也应重视新媒体传播,组建专业的新媒体团队,积极树立城市正面形象和传播城市故事,同时加强与其他城市的合作与交流,提升城市形象的传播效果。

文旅行业的地域壁垒在 2024 年初被打破,我们看到了"南方人玩雪上大炕,北方人看海泡温泉"的"全国冬季客流共同体"日益壮大,全民共创全国联动的正能量旅游文化终于照入现实。

城市作为一种符号性标志,不仅附着在外观、行为等外在之物上,更是理念与文明的投射。文化对于城市形象的建构具有举足轻重的作用。在传播技术高速发展的时代,新媒体的加入使传统传播方式得到改观,融合传播塑造了新的传播环境,媒介化社会正在开启。对于城市来说,媒介已不仅仅是一种工具,而是演化为一种新的生成方式和依赖方式。社交媒体时代可以将城市的价值推到超过以往任何一个时期的高度。如何借助媒介实现自我价值，也成为城市管理者以及文化和旅游政务新媒体发展不能回避的新课题。

第四章
态势：移动短视频赋能文旅政务传播

　　移动短视频在赋能文旅政务传播方面扮演着越来越重要的角色。移动短视频平台如抖音、快手等，已经成为公众获取信息的主要渠道之一。它们具有传播速度快和范围广的特点，可以在短时间内将信息迅速传递给大量的用户，使得文旅信息更快地被公众知晓。文化和旅游政务新媒体创作者利用这些特点制作精彩纷呈的创意短视频，吸引着更多用户参与和关注。

　　此外，移动短视频平台提供了丰富的互动功能，如评论、点赞、分享等，使用户可以积极参与其中。文旅政府部门运用移动短视频平台与用户进行互动等，提升用户参与感和满意度。移动短视频平台根据用户地理位置和兴趣偏好进行个性化推荐，使用户更容易发现和了解文旅政务与景点信息，为城市提供精准定位和宣传机会，增加文旅信息的可见度。通过移动短视频平台，文旅机构可打造自己的品牌形象，并与用户建立情感连接。优质的短视频内容不仅能够提升城市形象和知名度，还有可能吸引更多游客和投资者。

城市形象作为一座城市文明程度与整体风貌的重要标志，关系到城市旅游业发展、文化积累与传播、交通规划等各个方面，对城市发展具有深刻影响，而传播媒介则是城市形象宣传的重要桥梁。随着媒介技术的不断革新，城市形象传播手段也在不断改变，经历了从城市形象宣传片—影视植入—微电影—综艺—两微一端等多个传播载体的转变，城市形象传播也实现了从单一媒体到多媒体再到全媒体时代的跨越。全媒体语境下，集结文字、图片、音频、视频等多种形式，具有自由切换场景、实时线上互动等特征的移动短视频已渐渐成为城市形象宣传的首要选择。

各类互联网应用用户规模、网民使用率等统计
（2022年12月、2023年6月）

互联网应用	2022年12月用户规模（万人）	2022年12月网民使用率	2023年6月用户规模（万人）	2023年6月网民使用率	增长率
即时通信	103,807	97.2%	104,693	97.1%	0.9%
网络视频（含短视频）	103,057	96.5%	104,437	96.8%	1.3%

（续表）

互联网应用	2022年12月用户规模（万人）	2022年12月网民使用率	2023年6月用户规模（万人）	2023年6月网民使用率	增长率
短视频	101,185	94.8%	102,639	95.2%	1.4%
网络支付	91,144	85.4%	94,319	87.5%	3.5%
网络购物	84,529	79.2%	88,410	82.0%	4.6%
搜索引擎	80,166	75.1%	84,129	78.0%	4.9%
网络直播	75,065	70.3%	76,539	71.0%	2.0%
网络音乐	68,420	64.1%	72,583	67.3%	6.1%
网络游戏	52,168	48.9%	54,974	51.0%	5.4%
网络文学	49,233	46.1%	52,825	49.0%	7.3%
网上外卖	52,116	48.8%	53,488	49.6%	2.3%
网约车	43,708	40.9%	47,199	43.8%	8.0%
在线旅行预订	42,272	39.6%	45,363	42.1%	7.3%

注：资料来自第52次《中国互联网络发展状况统计报告》

短视频可以很好地满足人们在移动互联时代的信息获取和传播需求，其简洁的语言和视觉化效果得到以青年人为主要群体的喜好。从以上数据可见，短视频平台用户规模和网民使用率已进入互联网应用前三。在社交媒体时代，各行各业都需要利用短视频来赋能传播，文化和旅游政务领域同样如此。

综上所述，移动短视频平台赋能文旅政务传播，为城市提供了全新的传播渠道和机会。文化和旅游政务短视频逐渐成为信息传播与城市形象构建的载体。文旅机构可以创作有吸引力的短视频内容，与用户进行互动，实现更广泛的影响力。短视频如何更好地赋能文化和旅游政务新媒体，助推城市形象传播是本章节关注的重点。

第一节　用户体验成为关键

移动短视频赋能文旅政务传播，用户体验成为关键。通过提供短小鲜活的内容、注重互动与参与，以及个性化推荐等方式，政府部门可以提升用户在移动短视频平台的体验感和参与度，促进文旅政务传播的有效性。

随着媒介网络化发展，技术开始向个体倾斜，个性化传播日益突出。网民在短视频时代身兼数职，既是受众也是信息源，分享、传播内容的同时也生产内容，人人都是城市形象的生产者与传播者。在此背景下，尽管文化和旅游政务新媒体以政府为传播主体，但其传播策略从以往官方主导的"一元中心"模式转向"去中心化"的社会化媒体传播模式，以网络为中介从单向传播变为多向互动。短视频作为城市形象传播与建构的媒介，最大特点是可以直观展现人与城市的互动，具有强烈的情感表达与共鸣特质。

首先，移动短视频能够更好地吸引用户的注意力和激发兴趣。在快节奏的当下，用户通常喜欢迅速浏览信息，而移动短视频提供了快速、直观的方式来呈现文化和旅游内容，使得用户可以更轻松地获取旅游景点、文化活动和相关政策信息。移动短视频要想赋能文旅政务传播，需要创作者进行创意制作。创作者需要充分了解公众需求，选取独特、新颖的视角和内容，吸引观众的注意力，提高短视频的完播率、转发率等。

其次，移动短视频平台应注重用户的互动和参与，通过评论、点赞、分享等功能激发用户积极参与。用户可以在视频下方评论、提问或表达自己的看法，与其他用户互动和交流。文旅部门在平台回应用户，解答问题，更好地与用户建立互动联系，增强用户对文旅政务传播的参与感。

最后，为了提升用户体验，移动短视频平台还需要注重内容和形式。文旅机构应该创作和推广高质量、有趣味且富有创意的短视频内容，以吸引用户的关注。同时，内容还要多种多样，包括景点介绍、文化活动报道、旅游故事分享等，以满足用户的多样化需求。移动短视频在抖音、快手、微博等多个平台进行传播，这就需要文旅机构根据不同平台的特点和用户群体进行选择，并进行不同平台的适配。通过多渠道传播，可以实现更广泛的覆盖面，增强传播效果。

另外，移动短视频平台可以通过个性化推荐算法来提升用户体验。根据用户的浏览历史、兴趣爱好和地理位置等信息，平台可以向用户推荐符合他们偏好的文旅内容。个性化推荐能够增加用户对内容的满意度，并帮助传播平台更准确地传递信息和更好地服务用户。

互联网平台的传播规律催生内容的亲民化、互动化表达。相比传统的政务叙事方式，短视频以活泼、接地气的语言传递相关信息，拉近与用户的距离。针对不同的用户，需要精准定位，为其量身定制播放策略。在文化和旅游政务方面，可以针对不同的人群进行分析，制作不同的短视频，以便更好地推广文旅信息。

短视频不仅是文化和旅游政务传播的新形式，更是塑造现象级城市的重要推手。短短几十秒、几分钟的短视频内容为我们展现了一个丰富多彩的世界，让我们看到了各地的风土人情，了解了不同群体的生活状态，也让人们在忙碌的生活中找到了片刻的轻松与惬意。

2023 年旅游热点从淄博烧烤、榕江"村 BA"，到哈尔滨，再到从全国文旅疯狂内卷中"杀出来"的"山河四省"，背后都离不开短视频平台的助推。

不难发现，从网红文旅局长"出战"，到直播带货，抖音这类短视频平台在推动旅游热点的产生过程中起到十分关键的作用。平台推动旅游热点的基本逻辑都是围绕着服务地方政府、建构目的地形象而展开。旅游目的地热点的产生，单靠个人难以带动，淄博、榕江、哈尔滨的成功"出圈"带动全国各地文旅部门在抖音"喊麦"，既疯狂内卷，又互相推流，带给平台更好的旅游目的地推广模式。

短视频传播后，人们需要通过数据分析工具来对视频进行评估，分析视频的播放量、覆盖范围、用户互动等，收集用户的反馈，并及时进行优化调整。当前，随着智能化推进媒体生态革新，多元化媒体平台已成为民众表达情绪、观点、意见的重要渠道。社会舆论也呈现出新特征，具体表征为人机共生、信息传播圈层化、舆论交流视频化等。尤其是以人工智能为核心的算法推荐技术对信息推送方式和生产方式的影响不断加深，不仅主导了舆论的走向，而且加大了信息茧房的隐患，非理性的舆论信息聚集造成舆论狂欢的景象更易发生。

整体来说，主体多元、信息过载、技术赋能、议题频换、集群效应明显、"后真相"加剧等现实情况，重塑了碎片化、可视化、去中心化的舆论新样态。文化和旅游政务短视频应善于运用智慧化媒体分析，从而调整传播内容与方向。

2022年5月，安徽省美术馆的一则视频在抖音一经发布，其独特的徽派美学建筑吸引了全国各地观众的关注和打卡。作为"网红城市"的重庆凭借"洪崖洞""李子坝"走红后，不断出现"魔幻""赛博朋克"等热门话题接力。如此独特新颖的短视频话题会引起用户的不断关注并进行线下打卡，他们再通过上传视频的方式反馈到短视频平台上。因此，文化和旅游政务新媒体需要利用城市中的某个热点，来挖掘具有创意的话题，利用与城市本身元素相匹配的创意，吸引用户的注意力并让他们参与进来，最终形成一个持续的城市热点话题。比如，2023 年底由哈尔滨"小砂糖橘"引发的全国范围内的城市形象昵称拟定话题，包括云南的"小菌子"、四川的"小熊猫"等，以轻松诙谐的形式塑造了城市的特有形象。一位拥有两千多万粉丝的抖音博主发布的文案为"安徽合肥有一座'监狱'改造的艺术中心——合柴·1972"的视频获得了超高的点赞量。

随着移动互联网技术的发展，视频相较于图文的传播优势得以凸显，加之公众对移动端应用的使用趋于视觉化、个性化和碎片化，移动短视频这一新兴媒介迅速成为城市形象传播的重要一环，带来了"人人皆是城市形象传播者"的巨大革新。

如何更好地运营文化和旅游政务短视频，有以下几点关键因素：

1. 优化短视频内容

移动短视频媒体的发展为文旅政务传播带来了新的机遇，其中，视频的内容质量成为关键。用户期望看到高质量、有趣、有创意的视频内容。文旅机构应该注重视频制作的品质，确保内容能够吸引用户的注意力，并提供有价值的信息。提升移动短视频的质量对于有效推进文旅政务传播作用巨大。

首先，内容的准确性和可信度是保证视频质量的基本要求。在制作和发布短视频时，文化和旅游政务部门应确保所传递的旅游景点介绍、文化活动报道、政策解读等信息准确无误，对其进行审核，以增强用户对内容的信任感。其次，视频内容应具有吸引力和创意性。这种创意性可以体现在影片剪辑、故事叙述、音乐选择等方面，使视频更加生动有趣，给用户留下深刻的印象，引发情感共鸣。最后，视频的制作技术和视觉效果也是影响质量的重要因素。制作方可以投入资源培养专业视频制作团队，提高视频的拍摄和后期制作水平。同时，加入适当的视觉效果能够增加视频的吸引力和视觉冲击力，提升用户的观看体验。

2. 增强文旅信息传播的便捷性与时效性

公众希望能够通过短视频快速获取所需的文旅政务信息。因此，视频需要简洁明了，能够清晰地传达重要的信息，避免冗长而复杂的叙述。移动短视频平台因其便捷性和易用性，为用户提供了快速获取文旅政务相关信息的途径。用户可以通过智能手机或其他移动设备随时打开移动短视频应用，观看感兴趣的视频内容。无论是在家中或外出，用户都能够方便地浏览和获取想要的文旅政务信息。视频通过图像、声音和文字等多种元素来传达信息，直观且易懂。相比阅读长篇文字，用户可以通过观看短视频而更快地了解景点特色、文化活动安排等信息。

文化和旅游政务短视频以视频的形式加以图文解释、场景模拟等，从听觉、视觉来打造场景化的信息传递，增强了用户的视觉体验感。用户在关注了文化和旅游政务短视频账号后，将第一时间接收到文旅政府部门发布的信息。用户在接收政务信息后以点赞、评论等形式表达自己的看法、意愿、态度，甚至还可以制作视频作出反馈。

3. 深耕个性化推荐

移动短视频平台通常会根据用户的地理位置和兴趣偏好进行个性化推荐。相关部门可以利用这一机制，将适合用户的文旅政务内容推送给他们，提供更符合用户需求的体验。在移动短视频赋能文旅政务传播的过程中，个性化推荐成为重要因素。平台根据用户的浏览历史、喜好和交互行为等数据，自动筛选和推荐适合用户的视频内容。这种方式能够更好地满足用户的需求，使其更容易找到感兴趣的文旅信息。个性化推荐可以让用户享受到定制化的观看体验，减少在海量内容中寻找有效信息的精力消耗。同时，定位技术使得移动短视频平台能够根据用户所在的地理位置，提供附近的文旅政务内容。用户打开定位系统，平台可以向用户展示附近的旅游景点、文化活动等内容。

4. 加强文旅政府部门与公众互动，增强公众参与感

2024 年元旦假期，从哈尔滨花式宠南方游客，到各地土特产大起底，再到"山河四省"的文旅部门疯狂推介当地文旅资源，掀起了一股全民参与、热情高涨、趣味横生的"热风"。哈尔滨的火爆，离不开政府部门与公众的互动。"山河四省"文旅部门的疯狂推介也离不开网友们的评论参与。移动短视频平台丰富的互动功能，如评论、点赞、分享等，让用户不仅仅是被动地接收信息，还能够积极参与其中，增加了用户的参与感和社交互动的乐趣。这种参与感使用户感受到自己在文旅政务传播中的重要性，激发了他们更积极地参与和推广相关内容。

互动仪式链理论是美国社会学家兰德尔·柯林斯提出的，他认为互动是社会动力的来源，每一个个体在社会中所呈现出的形象，是其在与他人的社会互动中逐步形成的。互动仪式的发生必须包括身体的共同在场、设限的局外人、

共同的关注焦点以及共享的情感体验四个基本的仪式要素。成功的互动仪式往往会产生一系列效果，具体包括成员对于身份产生的群体团结、情感能量蓄积产生的积极情感、群体符号产生的群体认同以及道德感产生的正义维护。互动和参与感成为移动短视频赋能文旅政务传播的重要因素。文化和旅游政务新媒体通过提供丰富的互动功能、鼓励用户参与创作和分享以及举办活动促进用户参与，增强了用户的参与感。

5. 加强共享性

用户喜欢将有趣的短视频与朋友分享，获得社交认可和反馈。移动短视频平台应提供方便的分享功能，并鼓励用户转发、评论和点赞。通过共享功能和社交互动的设计，移动短视频平台促进用户之间的交流与分享，增强用户之间的互动性和社交感。用户点击分享按钮，选择合适的渠道将视频链接发送给朋友、家人或社交媒体上的关注者。共享功能让用户能够将喜欢的内容推荐给其他人，扩大了信息的传播范围，同时也促进了用户之间的交流与互动。

用户可以通过在视频下方发表评论、点赞他人的作品以及关注其他用户，与他人一起参与讨论和分享观点。此外，移动短视频平台还提供了更多互动的功能，如私信和@提及等。用户可以通过私信与其他用户进行一对一的交流，分享心得体会或寻求帮助。同时，使用@提及功能可以在评论中提到特定的用户，引起其关注并促进互动。这种直接的社交互动方式使用户之间能够更加紧密地联系在一起，建立起更为丰富的社交网络。

为提供优质的用户体验，文旅机构需要关注以上因素，并根据用户的需求和喜好进行精心策划、制作和推送，更好地利用移动短视频平台推广文旅资源和政务信息，吸引更多用户的关注和参与。

第二节　构建精细化内容

短视频以其快捷、直观、多样的特点，成为文旅政务等领域重要的信息传播工具。短视频作为一种新媒体手段，越来越受到重视，如何构建精细化的文旅政务短视频内容，成为当前需要重点探讨的问题。本小节从短视频的应用特点、制作方法、内容构建等方面阐述了如何构建精细化文旅政务短视频内容。

随着互联网数字技术的快速发展，社会进入了新兴媒介时代。与传统媒介环境不同，新兴媒介所形成的传播环境正呈现出全新的发展态势。一方面，以网络化和数字化为特征的新兴媒介，彻底颠覆了传统的传播关系，构建了多点交往、实时互动的新型传播关系。另一方面，新兴媒介已经成为人们日常生活中不可缺少的一部分，新兴媒介的普及率和使用率正不断提高，其中，移动短视频更是渗透到公众生活的方方面面。文化和旅游政务短视频是文旅政务新媒体孕育出的新生力量，在政府与公众之间发挥了重要作用。文化和旅游政务短视频作为文化和旅游政务新媒体的一种新的融合形态，用保罗·莱文森提出的"补偿性媒介"理论来讲，它是对政务新媒体的一种补救，综合补偿了政务微信、政务微博、政务客户端影音像传播分离的缺陷。本小节在文化和旅游政务短视频建设和提升过程中，围绕场景传播分析模型和公众与短视频的紧密联系，真实掌握公众对文旅信息的需求。随着文化和旅游政务新媒体发展进入重要历史机遇期，加之当下媒介环境的深刻变化，如何利用移动短视频赋能文旅政务传播，构建精细化内容以提升文旅政务短视频的综合竞争力和影响力，我们将从以下几个方面展开讲述。

传播主体角色属性的转变与热点制造。在移动互联网时代，文化和旅游政府部门开设新媒体平台展开对外宣传，介绍自然及人文景观，分享特色美食，推介文旅产品，促进文化和旅游的融合发展。政府部门作为政务新媒体传播主体，需要跳出传统政务传播的思维定式，从单向的信息传播者转变为多元化的内容分享者，从舆论引导者到社交互动者。只有真正适应新媒体快速传播与信息碎片化等特点，才能更好地发挥出文化和旅游政务新媒体链接资源、实时互动的传播优势。同时也要改变政务传播以往求大求全的全方位传播目标，发挥文旅政务的独特优势，形成与其他政务新媒体的差异化定位。

文化和旅游政务新媒体角色转变的实现，要有高质量的顶层设计以及与不同部门、机构之间的灵活配合，在此基础上重点从账号管理、内容设计、运营联动三方面展开建设。在顶层设计的框架下，结合自身实际情况，明确新媒体在信息、服务、治理等方面的功能与定位，合理制定具体的发展规划和改进方案。

文化和旅游政务短视频的传播效果与整个传播流程密切相关。移动短视频带来了更加多样和快速的信息传播方式，从而改变了公众获取信息的途径和习惯。在信息变革发展过程中，传播主体的角色也随之发生了演变。文化和旅游政务新媒体不再仅仅是信息的传递者，而是内容制作者和社交媒体互动者。从顶层传播逻辑来看，是否将内容生产、宣发、扩大传播与目标用户的需求联结，是否将宣传举措的出发点与大众的视角紧密贴合，才是真正决定文化和旅游政务短视频宣传能否在每一环节科学、有效触达大众的重要因素。

　　文化和旅游政务短视频传播策划要充分把握时机，及时策划选题，做到"先发制人"，吸引用户关注。文化和旅游政务短视频团队需要具备更多元的技能，掌握多种媒体形式的制作，如视频制作、音频编辑等，以适应不同平台的传播需求。文化和旅游政府部门还需要了解社交媒体的规则和运作方式，与用户进行互动，引发讨论和分享，从而增强文旅的传播效果。

　　数字媒体的崛起彻底改变了信息的传播方式、传播媒介。文化和旅游政务新媒体可以利用移动短视频的不同方面传播当地信息。文化和旅游政务短视频是各级文旅政府部门通过社交媒体平台实现城市形象构建、信息发布的媒介，具有公正性、权威性等特点。然而，在新媒体赖以生存的互联网上，政府部门的权威和公众的依存在很大程度上被消解为彼此平等的"非在场关系"，政府部门已不再是现实社会传播的中心，而是网络空间结构中传播的节点，传播的实现率和到达率取决于公众的自我认同与主动接受。例如，"济南市文化和旅游局"抖音账号的内容定位是发布权威的济南文化和旅游相关信息与咨询，其播放量高的视频基本上是与公众自身利益息息相关的短视频。

　　发挥政府引领作用。文旅政务新媒体想要取得高质量

发展，离不开政府部门与政策的支持。在移动短视频赋能
文化和旅游政务新媒体融合发展方面，政府应当充分发挥
好引领作用，准确定位自身角色，完成新媒体时代角色的
转变。在移动短视频赋能文旅政务融合发展中，政府要以
引导者、监管者、服务者、传播者的身份对移动短视频赋
能文旅融合发展进行宏观调控。文旅政府部门的规划作用
主要体现在编制科学的发展规划、制定相关制度规范、加
强传播营销、引进高层次人才等方面。比如在移动短视频
赋能济南文旅融合发展过程中，针对旅游行业的网络舆情，
政府既要借助短视频的优势扩大宣传，也要采取行之有效
的措施来应对、处置网络舆情，为济南文旅融合发展营造
良好的舆论环境。

要提升文化和旅游政务短视频的总体地位，必须打造
多平台矩阵，完成移动短视频与文旅政府部门的内容结
合与传播升级。文化和旅游政务新媒体应拓展思路，倡
导移动短视频平台成为政府重要信息的首发平台，以优
质、权威、及时的信息引领融媒体矩阵的发展。作为用
户实时互动的窗口，文化和旅游政务新媒体应成为政府
应对舆情措施中的重要一环，以数字化改革为契机，与
其他部门协同，不断探索大数据传播与数字化治理体系
的关系，提升话语权。

　　每个城市有其独特的自然资源和人文资源，短视频传播针对不同受众有不同的传播主题，以吸引更多游客和投资者的关注。例如，在移动短视频的宣传下，长沙的夜生活已经成为当地一张独特的名片。据统计，2023年以来，长沙夜游订单同比增长104%，环比增长332%，已进入全国夜游目的地前十名。坡子街、渔人码头、潮宗街、文和友等热门景点和美食品牌，既充满烟火味道又富含文化气息。短视频的推广促进了当地夜间消费业态不断创新，从而使长沙夜经济呈现出多元化、立体化、人文化的特点，也促进了湖湘文化的传承与发展。又如，汕头市政府从2023年年初开始大力宣传城市形象，利用新媒体助推汕头从"网红"城市变成"长红"城市。网络上涉及汕头的话题热度居高不下。暑假期间，游客自由创作的各种短视频，如沿着龙眼南路美食街打卡，寻找杏仁露、生腌海鲜、牛肉火锅等特色美食店等，让人们感受到了潮汕美食的独特魅力，同时也大力推广了汕头的人文历史。

　　构建传播内容的本地文旅内涵，讲好城市故事。文化浸润旅游，旅游传播文化。发挥移动短视频的传播优势，深入挖掘旅游资源包含的文化内涵是推动文化和旅游政务新媒体发展的重要动力。在短视频运营中，应展现当地文旅资源优势与时效性的服务信息，常规短视频内容发布与热点讯息回应共举。文旅机构通过合理规划内容生产，匹配阶段性、节令性的传播重点，从传播模式上打造文化和旅游政务新媒体的专业度，在短视频传播模式上构建良好的内容原发性吸引力，发挥传播内容对文旅政务形象塑造的积极作用。

文旅政务短视频的内容需要被个性化塑造。文旅资源核心竞争力与影响力依托于本地文化的特色与内涵，文旅短视频传播的核心竞争力源自传播内容。从文化内涵到传播内容的转化很大程度决定了短视频的传播效果与文旅政府形象的建构度。在转化过程中相关部门应抓住文旅资源本身，对其进行个性化塑造，以创新内容增强吸引力。例如，淄博文旅的"二次走红"源于淄博拥有独特的聊斋文化。《罗刹海市》的热度拉动了聊斋故里的传播度，吸引了五湖四海的游客前来。可见，文化和旅游政务短视频的吸引力往往来源于本地文化的核心竞争力、传播推广力。文化资源、政府服务意识以及政务短视频专业度等皆是推动文旅政务新媒体创新发展的必备要素。

淄博再次"出圈"，不仅是依靠短视频流量爆发而走红，还因为文旅政府部门接得住流量。聊斋故里又一次打出"淄博式服务牌"：蒲松龄纪念馆假期免门票，工作人员全员在岗，取消休假，增设指引牌，开辟专门通道，引导游客有序参观。夏季，纪念馆为游客提供了饮用水、解暑药、免费充电插座等便利条件。当地还开设了多条"聊斋游"公交定制专线，帮助游客更便捷地串线游览各景区、文化场所。社交媒体时代，短视频流量有起有落，文化和旅游政务新媒体如何把当地流量红利转变成内生动力成为关键。淄博文旅部门在流量鼎盛时，抓住机会培育新动能，特别是能支撑可持续发展的动能。聊斋文化博大精深，值得挖掘的资源非常多，当地趁热打铁，通过深度开发旅游产品、打造多元业态等做好"文化+""旅游+"的文章，拓展延伸产业链，将一时"流量"转化为长久的"经济增量"。

城市故事是城市文化的重要组成部分，是旅游意义的核心元素。讲好城市故事是文化和旅游政务短视频的重要内容。讲好城市故事可以让公众深度了解当地文化，更好地融入当地社会。此外，城市故事还可以激发公众的兴趣，增加旅游的趣味性和互动性。文化和旅游机构应主动增强内容运营、内容维护能力，注重公众需求，讲好当地城市故事，实现双向互动，进而起到上下通达的舆论引导作用，以切实增强自身传播力、引导力、影响力和公信力。

文化和旅游政务新媒体在短视频平台应以需求为导向，内容叙事多元化。移动短视频平台鼓励用户分享自己的故事和体验。用户分享故事的方式不仅能够促进交流和互动，也为政府提供了真实的用户视角，帮助政府更好地了解公众的需求和期望。移动短视频平台还提供直播功能，可用于开展互动活动和实时沟通。政府和相关机构可以利用直播功能组织在线讲座、问答或主题讨论等活动，与公众进行实时互动。公众可以通过评论、点赞等方式参与活动，与政府代表或专家进行直接交流和互动。这种直播活动不仅建立起了即时的互动渠道，也增强了公众对政府的信任度。

在文旅融合的大背景下深入挖掘区域文化内涵是展现城市形象独特性的关键。例如济南火爆全网的"超然楼亮灯"，将大明湖的历史文化与当代艺术相结合，锁定夜经济升级与网红城市打造，在短视频平台赢得诸多流量。随着文旅融合在济南稳健起步，超然楼在火爆之余，也让济南收获了一波又一波流量高潮，向外界展现着这座千年名城的独特魅力。在"网红城市"的光环下，济南的城市活力被不断激活，流量和热度也为济南讲好城市故事、展示城市魅力打开了新的思路。在传播形式上，短视频与直播相结合，对地方文化内涵进行趣味解读，融入网络流行语、方言、吉祥物、背景音乐等元素，让当地文化符号更具活力。在互动形式上，文旅政务新媒体可以结合当下热点，打造具有城市特色的文旅 IP 形象。

　　构建账号形式的多样化，优化话题视听路径。随着移动短视频迅速普及和社交网络的蓬勃发展，越来越多的人选择通过网络平台获取信息、参与社交互动。随之而来的是用户对于视听内容的需求日益增长，他们期望获得丰富多样的内容，并希望能够更好地参与讨论与交流。在过去的几年里，许多社交媒体平台和视频分享平台崛起。这些平台提供了各种形式的视听内容，包括图片、视频、音频和文字等。然而，由于大量的用户和内容创作者涌入，竞争变得日益激烈，吸引用户成为各平台的关键问题之一。

　　一般情况下，人们更倾向于关注特定的官方账号或个人账号，随着时间的推移，用户对内容的多样性和个性化需求也在增加，希望能够获得更广泛的视听体验，不只是固定的主题和类型。因此，账号内容的多样化、个性化变得至关重要。

　　文化和旅游政务短视频内容可看作是由多个不同场景构成的组合体。本地城市形象及文化内容的传播效果往往由点赞量、评论量与转发量等互动指标构成。移动短视频极大地推动了新媒体的发展，用户从原本被动信息的接收者转变成美好生活的分享者与传播者。有研究成果显示，人们对 6 分钟以内的微电影广告更容易接受。随着抖音等短视频平台对视频时长的延长，人们对过度碎片化和表面化的信息接受程度在逐渐发生转变。当前，文化和旅游政务短视频面临着前所未有的机遇和挑战，文旅机构应不断完善短视频构建形式的多样化，在视频主题、呈现方式、标题的传播偏向、视频时长、背景音乐情感属性等方面研究分析，打造更适合用户的短视频视听路径。

不同用户有不同的喜好，构建账号内容的多样化可以吸引更广泛的用户群体，激发用户的参与欲望。多样化的账号内容可以展示媒体品牌的多样性和创新性，提升品牌在用户心目中的认知度和形象。新媒体创作者要了解用户的兴趣爱好，精选符合用户口味的热门话题，吸引用户点击和参与讨论；根据不同的话题属性，制定相应的内容策略，以更好地传达信息和引发用户共鸣；提供高质量的视听体验，包括清晰的视频画质、优秀的音频效果，以及友好的界面设计；通过提供留言评论、用户投票、话题讨论等方式，鼓励用户参与话题讨论，增加用户黏性；保持账号内容的新鲜度，定期更新话题和相关内容，吸引用户的持续关注和参与；通过数据分析工具，了解用户对不同话题的反应，根据反馈结果进行优化和调整。

话题词与叙事方式是新媒体传播内容的重要组成部分。其中，话题词强调了内容属性，同时，合理的话题词也可吸引用户积极参与话题互动。叙事方式的合理与否将会影响用户对内容的接纳程度，特别是在社会化媒体成为用户创造、获取与传播信息的主要载体的当下，用户的注意力容易被分散，单一长篇文字的叙事形式日渐式微，"短"内容日益受到广大用户的青睐。如何通过生动、立体且简洁的叙事方式，建设更加权威且有趣的文旅信息发布和解读回应平台、更加便捷的文旅互动和办事服务平台，有赖于话题词与叙事方式的合理转变。

短视频已成为吸引大众注意力的主阵地，抖音短视频具备自带背景音乐、剪辑方便的特点，将主旨以"小剧场"的形式制作出来，打破严肃生硬的传统话语体系，用大众喜欢的短视频形式传播主旋律、宣传社会主义核心价值观。在短视频的基础上增设直播，推动政务公开，有助于提升政府部门的行政能力和公信力。由于信息过量和同质化的问题，很多用户很难找到符合自己兴趣的话题和内容。如果采取差异化账号推荐、话题标签优化和个性化内容筛选等策略，可以有效地改善用户在社交媒体平台上的体验，并增加他们获取感兴趣内容的概率。

飞速发展的移动互联网、多元化的应用程序、丰富多彩的表现形式和载体，赋予了文化和旅游政务短视频的独特属性，这决定了其在旅游传播领域会对受众的动机产生巨大的影响。移动短视频平台的社交属性使得视频发布者能够重塑旅游景区的人格化形象，消弭受众与旅游景区之间的心理距离，因此，将短视频应用于旅游目的地的宣传推广能够取得理想的效果。文化和旅游政务短视频的视听路径优化打造需要专业运营团队的支撑，根据不同的传播需求，选择优质的短视频平台，从而更好地达到传播效果。如今日头条、抖音、小红书等虽然都有短视频创作，但其客户群体和运营方式存在较大的差异。文旅机构在选题策划和内容生产过程中，要利用好新媒体平台的大数据客户画像，对客户进行智能分类和精准推送，聚焦目标客户群体，从而打造出属于自己的宣传阵地。

符号化的短视频将超越视频本身而产生一种新的精神意义，就像斯图尔特·霍尔所认为的，"意义所依赖的不是记号的物质性，而是其符号功能"。

首先，使用视觉符号清晰呈现视频要点。在短视频领域，视觉符号涵盖文字、表情、画面等可以由眼睛看到的所有内容。人们观看一段视频时，即使时长很短，也难以迅速抓取准确的信息，因此短视频创作者需要用多种形式辅助呈现视频。可以用一句话概括视频内容，先让用户清楚事件基本信息，再为画面中的人物话语添加字幕，必要时可以在画面一角加上评论文字或背景文字，或者辅以截图进行说明解释，同时可以通过一些表情符号来反映观看视频内容的情绪，如点赞、爱心、愤怒等。视觉符号中的字幕，可以分类建立统一模板，让用户熟悉视觉符号的出现方式，减少冗余信息。

其次，利用听觉符号放大情感表达。听觉符号指的是通过耳朵直接接收到的信息，可以用来补充视频内容的思想感情，辅助信息内容的传达。对于短视频来说，听觉符号主要包括同期声、采访音频、背景音乐等。恰当的时间添加或删减听觉信息，在不影响真实性的前提下，可以使短视频以多重感觉传达给用户，渲染情感。在短视频中添加适当的多元符号，使用户在同一时间内获得更多有用信息，符合人们碎片化的阅读习惯，也迎合人们快节奏的生活习惯。当然，在添加多元符号时，也要注意使用的合理性，过多的符号有时会造成信息冗余，用户难以在短时间内接收准确信息，导致用户出现"消极理解"，关注账号的持续性和积极性也就日趋减少。

第三节 资源整合和共享

移动短视频作为一种具有视听特点和社交属性的传播工具，以其便捷、生动、易分享等特点，迅速成为用户获取信息、分享体验和娱乐休闲的首选途径。在文旅政务传播领域，如何利用移动短视频赋能传播，提升用户参与度和传播效果，是一个具有挑战性的课题。

文化和旅游政务新媒体通过整合文化、旅游、政务等资源，丰富短视频内容，满足用户多样化的需求；挖掘和培养专业的短视频创作者，提高内容的质量，推动互联网文旅政务传播的发展；借助各类短视频平台扩大传播范围和用户数量，提升传播效果和影响力；政府与企业建立合作关系，共享优质资源和信息，提升传播效果和用户体验；鼓励用户制作和分享短视频内容，建立用户间的互动和共享机制，扩大传播范围和影响力；建立数据共享机制，通过大数据分析，获取用户反馈和行为数据，优化传播策略和内容生产。

首先，移动短视频平台通过整合文化和旅游政务资源，集结了大量的相关内容。文旅政府部门可以将旅游景点、文化遗产、政务活动等多种资源整合到平台上，形成一个综合性的信息汇聚地。这使得公众可以在一个平台上获取全方位的文旅政务信息，不再需要浏览多个网站或登录各种应用程序，提高了信息获取的效率。

其次，资源共享使公众可以分享和互相受益。政府和相关机构可以将自己的官方资讯、政策解读、服务指南等信息发布到平台上，与公众进行分享。同时，公众也可以通过上传自己的创作、分享旅游经验或参与政务讨论等方式，为其他用户提供有价值的内容和观点。这种模式带来了更多元化的内容，丰富了平台上的文旅政务信息，促进了文旅部门与公众之间的互动和交流。

最后，移动短视频平台还可以与其他平台进行资源整合，实现跨平台的信息共享。例如，平台可以与地图导航应用、在线预订平台等进行集成，提供更全面的服务和便利的功能，加强了各类应用之间的合作，为公众提供了更一体化、便捷的文旅政务服务体验。

资源整合和共享在移动短视频赋能文旅政务传播中发挥着重要作用。移动短视频平台为公众提供了丰富多样的内容和服务，拓宽了公众获取信息的途径，丰富了平台上的文旅政务内容，促进了信息的传递和共享。本小节探讨了如何通过资源整合与共享，充分利用移动短视频技术，提升互联网文旅政务信息的传播效果。我们提出了一些实用的策略和方法，并通过案例分析进行验证。

旅游景点、政府部门、媒体机构和社区组织等通过新媒体平台建立合作伙伴关系，以实现资源的共享和协同推广，共同打造优质的短视频内容。

积极实现内容整合和交叉宣传。通过交叉宣传，可以实现资源的互相引流和用户的跨领域体验。文旅机构根据不同平台的用户特点和用户行为习惯，对短视频内容进行优化和定制化。例如，可以根据不同平台的视频时长限制、内容形式、标签设置等因素，对短视频进行调整，以适应不同平台的用户需求和平台规则，从而提升用户体验和短视频的传播效果。以往，文旅政府部门独立开展宣传和推广活动，难以实现信息的高效传递以及资源的优势互补。如今，文化资源整合、旅游资源整合、政务资源整合能提升信息传递的效果。文旅政府部门应整合各类文化资源，形成丰富多样的文化产品，提供更具吸引力的内容。整合各地旅游景点、特色小镇等资源，形成旅游线路和主题活动，提供全面的旅游信息和服务；整合政策信息、公共服务等资源，提供便捷的政务办理和咨询；利用多种渠道，如短视频平台等，将文旅政务信息传播给更多的目标受众。

文旅政府部门通过整合各类资源和采取合适的宣传策略，可以实现文旅政务内容的互动性和多样性，促进相关产业的发展。文旅政务传播要实现资源优化整合，必须紧跟人工智能等行业热点，从而延伸用户智慧服务，提升用户参与度，增强网民的认同感和黏合度。将信息"孤岛"串联成信息"链岛"，助力推进文旅政府数字化转型。

利用移动短视频平台的数据分析功能，对用户行为和反馈进行深入分析。政府部门可以借助数据分析了解公众的需求和偏好，优化政务服务，调整推广策略，提升用户体验。在数字化时代，短视频因其直观性、互动性和传播性强的特点，已经成为最受欢迎的社交媒体形式之一。利用短视频进行城市形象传播可以打破传统宣传方式的限制，让城市形象更加鲜活、立体。在短视频推广过程中，需要对推广效果进行实时监控和数据分析。通过分析用户观看时长、互动情况、转发量等数据，可以了解受众的关注点和兴趣点，进而优化推广策略。例如，可以根据数据分析结果，调整传播主题、调整推送时间、优化视频内容等。随着信息技术的发展，文旅政府部门积累了大量的数据资源，包括旅游数据、文化资源数据、政务数据等。如何合理利用这些数据，实现数据的共享和分析，成为提升文旅政务效能的关键。通过建立数据共享机制，整合各类数据资源，并利用数据分析技术，可以深入了解目标受众需求、优化资源配置和提升服务体验。数据共享能够将各个部门或机构的数据整合起来，消除信息"孤岛"现象。各机构拥有的数据资源各不相同，通过数据共享可以实现资源的优势互补，更好地满足目标受众的需求。数据共享可以为文旅政府部门提供决策制定的依据，提高决策制定的准确性和效率。文旅政府部门建立数据整合平台，将各类数据资源进行整合，建立完整的数据生态系统；对数据进行过滤，提高数据的质量和准确性；利用数据挖掘技术，发现数据中的潜在规律和信息，为决策制定提供支持；将数据分析结果以可视化的方式呈现，提高数据理解和应用的效果。

通过数据共享和分析，文旅政府部门可以深入了解受众需求，优化资源配置，提升服务质量，实现文旅政务的可持续发展。同时，要注意数据保护和合规操作，确保数据共享的安全和合法性。

跨平台传播将移动短视频与其他平台进行链接和传播。这样可以实现资源的跨平台共享，扩大影响范围，并为公众提供多样化的获取信息的渠道。关于城市形象传播内容，文旅类政务新媒体可以选择多个不同的社交媒体平台，如微信、微博、抖音、快手等，发布不同版本或不同风格的短视频内容，以适应不同平台的用户口味和特点。这样可以覆盖更多的用户，吸引不同平台的用户关注。在不同平台上设置互动环节，鼓励用户在不同平台之间进行转发、评论、点赞等互动操作，从而扩大短视频的曝光度和传播范围。例如，可以设置跨平台的互动活动，奖励用户在多个平台上互动参与，增加用户参与度和留存率。在文旅政务领域，利用短视频进行传播能够直观地展示文化和旅游资源，吸引更多目标受众的关注。

为了实现短视频的跨平台传播，我们需要考虑平台选择、内容制作、推广策略等因素。根据传播定位和目标用户的特点，文旅政府部门应了解各平台的特点和用户群体，选择适合的视频平台。根据各平台对视频格式的要求，调整视频大小、分辨率、时长等，以便在不同平台上有最佳的展示效果。在不同平台上传视频时，尽可能添加跳转链接，引导用户在其他平台上继续观看相关内容，实现跨平台链接。

选择适合的跨平台传播策略，优化视频链接方式，可以更好地吸引用户、提升传播效果和推动文旅政务的发展。根据目标用户的喜好和需求，设计吸引人的视频创意和内容策划；根据文旅政务的特点，制作精彩的短视频内容，突出文化、旅游资源的独特之处，吸引目标用户的关注；将短视频发布到多个社交媒体平台上，扩大覆盖范围，增加曝光量和传播效果；运用互动设计、话题设置等方式，鼓励用户参与讨论和分享，增加视频的曝光和传播力度。同时，要不断关注平台和用户的变化，及时调整策略和优化手段，确保传播效果的持续提升。

鼓励用户参与文旅政务内容的创作中，通过用户生成内容的方式丰富资源库。文旅政府部门可以邀请用户分享意见和建议，以改进政策和服务；文旅景点可以引导用户拍摄、分享自己的游览经历。在移动短视频赋能文旅政务传播的过程中，文旅机构应利用新媒体平台加强与公众的互动，包括发起活动、用户分享故事和直播活动等，以建立起更紧密的政府与公众、平台与用户的关系，促进有效的信息传递和互动交流，这样不仅能够激发公众的参与热情，也为政府提供了了解公众需求和观点的机会，推动了文旅政务传播的有效性和公众参与度。

通过资源整合和共享，移动短视频可以提供丰富、准确和可信的内容，更好地满足公众对文旅和政务信息的需求。政府部门、文旅景点和公众可以形成互动的合作网络，共同推动互联文旅政务传播的发展和创新。在互联网高速发展的今天，新媒体特别是短视频为城市文旅品牌和旅游形象打造提供了新助力，在流量红利牵引下，短视频造就了一个个现象级的"网红城市"和"热门打卡地"，成为城市旅游形象传播的重要渠道。

2023 年 11 月，携程集团协助黑龙江省文化和旅游厅，举办了 5 场旅游推荐会，累计超过 400 家旅游企业参与，媒体曝光累计超过 1.8 亿次。再例如，为迎接专为烧烤而来的游客，淄博市政府用 20 天时间建了一座"万人烧烤城"，并专门做了一个"智慧淄博烧烤服务"小程序，提供餐厅景区推荐、在线预约等服务。近两年热门的旅游目的地有不少是短视频平台深度普及下的意外热点，但能否将流量转化为长期经济效益，还取决于当地政府如何快速匹配好旅游产品、配套设施，全面提升市场环境，并以持续的内容塑造城市新名片。

短视频的用户规模、用户黏性带动了指尖上的城市旅游形象传播。受益于短视频的简易制作、快速上传、迅速传播等特点，城市形象在传播主体、传播内容、传播方式等方面均发生了较大变化。依托竖屏沉浸式观看结构和场景碎片化传播方式，短视频用户的生产实践拓展了城市景观的多维性，也丰富了城市形象的书写方式。

"协同治理"原是社会治理中的一种机制，具体是指随着社会不断发展，仅仅依靠单一力量难以适应新形势下的管理需求，多元主体共同参与成为必然趋势，在共同目标的指导下，多元主体之间能够建立沟通协作的有效机制，以实现社会资源的高效运转。移动短视频赋能互联网文旅政务传播，需要通过资源整合与共享，建立良好的合作机制和共享平台。文化和旅游政务短视频应从整体规划出发，建立自身政务短视频的协同机制，锚定发展目标，打破传统界限，激发多元主体智慧。同时，注重跨界合作，除了文化和旅游政务短视频的垂类联动，还应与各领域账号良性合作。

据《"我期待的文旅宣传"——济南文旅政务新媒体发展调研报告》统计，用户心中文旅政务新媒体平台排名前四位的是：抖音、小红书、微博、微信，这与目前国内大多数城市文旅政务宣传内容在新媒体平台的投放倾向基本一致，也与目前各新媒体传播力研究机构、实验室重点关注的重点平台也基本一致。

在宣传内容的展现形式方面，用户喜爱的前三种的宣传形式分别为"短视频""图文"和"中长视频"。可以看出，随着短视频平台的火爆和知识类长视频平台的稳定输出，视频成为当下用户接触最多、最易接受的宣传形式。

当前，网络话语环境已发生深刻变革，泛娱乐化充斥于互联网，短视频平台玩法丰富、形式多样。文化和旅游政务新媒体在吸引网民眼球的过程中，应满足平台用户偏好，改变传播内容的形态，还要警惕庸俗化、低俗化的倾向。文化和旅游政务短视频要坚定文化旅游的内涵，追求表达形式上有趣的同时，掌握文旅政务与娱乐的边界，平衡严肃与娱乐的关系，力求在传播百姓喜闻乐见的信息时，坚守住政府公信力。

如今，我国媒体格局已形成媒介融合的大趋势，各类媒介相互融合，为文化和旅游政务新媒体工作带来无限的可能。任何单一的媒介叙事话语都不可能满足所有公众，在文旅融合的背景下，深入挖掘本地文化内涵，探寻短视频平台传播叙事文化属性的同时，更应借助多元化的新媒体资源，拓展文化和旅游政务新媒体的广度与深度。

第五章
眺望：构建全矩阵文旅政务传播整体规划

当前，文旅政务传播存在着信息碎片化、传播渠道单一、传播效果不佳等问题，构建全矩阵文旅政务传播整体规划成为相关政府部门的迫切需求。全矩阵文旅政务传播是一种多渠道、全方位、立体化的传播模式，强调信息的全面传播和多角度展示，以及利用各种传播工具和渠道来覆盖目标受众。这种模式具有更广泛的传播效果和更高的传播效率。因此，针对文旅政务传播的特点，需要综合考虑不同受众的需求，选择合适的传播渠道，制定差异化的传播策略，并通过科学的评估机制，提高文旅政务传播的效果。

本章节旨在探讨如何构建全矩阵文旅政务传播整体规划，以实现信息的高效传播和推广。这一规划能使旅游和文化资源得以充分展示，政务信息得以快速推广，文旅政务传播整体规划的目标得以实现。本章通过综合研究相关文献和案例，提出全面的规划框架，整合文旅政务传播的统一战略。

首先，分析文化和旅游政务新媒体全矩阵传播的概念与原则，并针对文旅政务传播的特点进行深入论述。其次，提出整体规划的步骤和方法。信息推广或者事件宣传时，文旅政府部门需要充分考虑不同受众的需求，选择合适的传播渠道，制定差异化的传播策略，并通过数据分析和反馈机制评估传播效果。最后，根据提出的整体规划框架，在实际案例中进行验证和应用。通过案例分析，证明全矩阵文旅政务传播整体规划对于提高传播效果和推广旅游与文化资源的重要性。同时，提出实践经验和启示，为实际实施中的文旅机构从业人员提供有价值的指导。通过采用该规划框架，政府部门能够更加有效地整合资源，制定适应市场需求的传播策略，提高公众参与度，并进一步推动文旅政务传播的可持续发展。

随着经济社会的不断发展和人们生活水平的提高，文化旅游和政务传播在当今社会扮演着越来越重要的角色。文化旅游能够丰富人们的生活，促进地区经济发展，同时也是传承与弘扬优秀文化的重要途径。文旅政务传播则涉及有关部门与公众之间的信息交流和互动，对于增进政府工作透明度、提高公众满意度具有重要意义。然而，目前存在的问题是，不少地方的文旅政务传播缺乏整体规划和系统性的方法。传统的传播方式无法适应信息时代的发展需求，传播渠道不畅、内容单一等问题制约了其发展。因此，构建全矩阵文旅政务传播整体规划成为必要且迫切的任务。

如何构建全矩阵文旅政务传播的整体规划，进一步推进文旅政府部门实现社交媒体平台传播的多元化、人性化和舒适化，满足不同平台用户的文化需求，已成为文旅部门迫切需要解决的问题。

第一节　提升影响力

政府的形象塑造是一个动态的过程，具体是指地方政府运用各种手段和方法塑造为公众心中所期望的政府形象。随着公众心理期望的变化，各种信息的作用和社会舆论的发展，公众对政府的要求越来越高。随着经济社会的发展、科学技术的进步和政府职能的转变，如何塑造文旅政府形象是当前文旅政府部门面临的重要的课题，同时这也是一项非常复杂的系统工程。加强对城市形象塑造的探索研究，在文化和旅游政务新媒体传播活动中准确把握动态，找准切入点，从而增强政府行为的有效性，降低运行成本，明确身份和站位，实现文化和旅游政务机构和社会公众媒介素养的同步提升，这些都是文旅政务机构从业者应具备的认知。

当前，文化和旅游政务新媒体已成为移动互联网时代加强城市形象宣传、创新社会治理的重要载体。它促进了地方城市和政府声音的传播。比如，在哈尔滨旅游"出圈"之前，它的文旅市场并非绝对好评，"冰雪大世界退票"事件前，就有"雪乡旅游团报价混乱""铁锅炖阴阳菜单"等负面新闻。对于这些问题，哈尔滨文旅政府部门没有装聋作哑、蒙混过关，而是迅速做出反应，加大监管力度。处置之快，管控之严之细，政府部门一系列举措使得负面舆情未对整体热度造成实质影响。哈尔滨文旅政府部门的做法赢得社交媒体大量账号转发，从而引发全网好评热议。

文旅机构构建全矩阵文旅政务传播整体规划是为了提升影响力，打造一个全面而有力的传播体系，促进文旅政务信息的广泛传播和公众参与度的提升。首先，整体规划需要明确传播目标和核心价值。要确定文旅政务传播的核心价值，如突出文化传承、推动旅游发展、提供高效便利的政务相关服务等，以此作为传播的基础和立足点。同时，制定明确的传播目标，如增强公众对文旅政务的认知度、提升公众对政府的信任度、带动公众参与度等，为整体规划提供具体的指引。其次，全矩阵文旅政务传播需要充分利用各类传播渠道，包括但不限于移动短视频平台、官方网站、电视广播等。通过在不同渠道上发布政策解读、故事分享等内容，实现多角度、多媒体形式的传播，扩大信息的覆盖范围。再次，整体规划还要注重内容创新和传播策略。为了增强影响力，需要提供丰富多样、具有吸引力的内容，如旅游景点介绍、文化活动报道、政策解读等。同时，采取差异化的传播策略，根据目标受众的特点和需求，选择合适的语言风格、呈现形式和互动方式，以提高信息的传递效果。最后，全矩阵文旅政务传播整体规划需要建立有效的监测与评估机制。通过数据分析、舆情监测等手段，及时了解传播效果和公众反馈，针对性地调整和优化传播策略。定期进行综合评估，总结经验教训，为后续传播工作提供参考和指导。

文化和旅游政务新媒体要想提高影响力，实现"破圈"，需要结合自身优势，实现稳定输出。文化旅游是指将文化资源与旅游产品相结合的旅游活动，是一种富有深度和内涵的旅游形式。文化旅游产业能够创造就业机会和带动经济增长。同时，文化旅游产业也刺激了相关产业的发展，如酒店、餐饮、交通等。文旅政务传播是政府与公众之间沟通与交流的过程，能够增强政府工作的透明度，使公众更加了解政府的决策、政策。公众通过政务传播渠道获取信息，可以参与和监督政府的工作，促进社会的发展。文旅政府部门通过开展文化旅游宣传，可以提高人们对文化遗产的保护意识，同时文旅产业创造的经济效益还能支持文化遗产的保护与修复。

以下是全矩阵文旅政务传播整体规划的关键要素，也是进一步提升文化和旅游政务新媒体影响力的核心点。

1. 战略定位

构建全矩阵文旅政务传播整体规划是指政府机构在文化和旅游政务传播领域中，从全局的角度出发，采用系统化的方法和策略，统筹规划和协调各个传播要素，以达到最优的传播效果和目标。文旅政务传播是指以文化和旅游政务为核心内容的传播活动，它通过各种传播手段和渠道，向公众传递文化旅游信息、政府政务信息，以及相关服务等内容，旨在促进公众对文化内涵的认知，加强政务信息的传达，促进社会参与和文化旅游产业发展。文旅政务传播涉及多个领域，需要整合不同领域的资源和知识，使传播内容具有多元性，能够满足公众对不同领域信息的需求。

文旅政务传播强调文化旅游与政务之间的关联，通过文化旅游促进政务的发展并提升政府的形象。除了向公众传递信息，文旅政务传播还鼓励公众参与和反馈，以增强公众的参与感和认同感，实现政府与公众之间的互动和合作。

随着经济社会的发展和人们对文化旅游的需求增加，文旅产业在全球范围内快速发展，这促进了政府和相关机构对文旅政务传播的重视。政府和相关机构应清晰地确定文旅政务传播的定位和方向，以提升影响力为核心目标。确保传播内容与受众需求相契合，并突出政府在文旅领域的专业性和权威性。

随着社交媒体的广泛应用，传播方式和渠道的多样化与便捷性得到了极大提升，这为文旅政务传播提供了更广阔的平台，同时也带来了更高的要求和挑战。文旅机构需要充分利用这些新媒体渠道，构建全矩阵的传播体系，以满足公众多样化的信息获取需求。文化和旅游政务新媒体在适应新的社会需求和发展趋势方面需进行改革和转型。政府意识到文旅政务传播在推动地方经济发展、提升政府形象和加强民生服务方面的作用，即文化旅游不仅能够带动经济增长，还能促进文化交流，提升城市形象和品牌价值。因此，政府对文化旅游的支持力度加大。在众多的传播渠道和媒介面前，如何统筹规划和整合传播资源，确保传播信息的一致性和有效性是政府和相关机构面临的挑战。全矩阵的整体规划战略可以使各个传播要素相互关联与相互支持，形成协同效应，提升文旅政务传播的效果。

构建全矩阵文旅政务传播整体规划战略定位是适应时代发展的必然选择，旨在更好地利用发展机遇，增强传播效果，推动政府工作，促进文化旅游业的可持续发展。全矩阵文旅政务传播整体规划要考虑传播系统的各个环节，包括目标设定、信息传递、传播渠道、传播内容等，以确保整体传播效果的协调和一致性。

2. 内容优化

传播内容要具备吸引力、实用性和分享性，能够打动受众、触发互动和二次传播。文旅政务新媒体平台的内容创作者要明确目标传播群体，了解目标受众的需求和兴趣，根据受众特点制定具体的传播策略和内容，以更好地吸引和影响目标受众。

文旅机构可以通过创新的传播形式和策略，提高传播内容的吸引力。运用互动性强的形式，如游戏、互动式展览等，提升用户参与度和体验感，加强传播效果。在传播过程中，政府和企业进行合作，共同整合资源，获得更多的支持，提高传播的影响力和可持续性。利用数据分析和市场调研，了解传播效果和受众反馈，及时调整传播策略和内容，优化传播效果。

　　从发展现状来看，除了少数文化和旅游政务新媒体能够实现异质化发展，许多文旅政府部门在运营政务新媒体时仍采取的是将同一内容在不同平台传播。因此，文化和旅游政府部门在建设新媒体矩阵时，要实现各平台间的联通、互补，构建起矩阵式传播。比如，济南市文化和旅游局在微博、微信、抖音、快手、知乎等都开设了官方账号。"济南市文化和旅游局"快手账号荣获由快手官方平台颁发的"2020 政务文旅快手号年度影响力奖"。该奖项不仅是对济南文旅短视频工作的重要肯定，也是 2020 年济南市文化和旅游局在抖音、快手、微信视频号、微视、哔哩哔哩 5 个短视频平台中斩获的诸多荣誉的一个缩影。因运营成果显著，2020 年"济南市文化和旅游局"官方抖音号先后 7 次以前 3 名的成绩上榜全国市级文化和旅游抖音号传播力指数 TOP10 榜单。不仅如此，在山东省文化和旅游厅公布的《2020 年全省文旅新媒体影响力指数排行榜》中，"济南市文化和旅游局"官方快手号、抖音号还分别取得了第一、第二名的好成绩。作为宣传展示济南优质文旅资源的重要窗口，2020 年济南市文化和旅游局结合全市文旅宣传重点，在 5 个短视频平台发布美景美食、非遗文化、民俗历史、文旅正能量等内容，短视频作品 2500 余条，总播放量超 2.5 亿次，点赞量 413 万次，新增粉丝 24 万人。其间，策划创作出"跑马岭实弹射击中心""济南野生动物世界""护城河打泉水""德云社""章丘大葱""山师大叔"等一大批创意新颖、拍制精良、深受网友喜爱的爆款文旅短视频。济南市文化和旅游局新媒体矩阵传播各显其能、精准推送，实现了各平台间相互连通、相互补充的发展局面，大大提升了政务新媒体的传播效果。

3. 多渠道媒介传播

多渠道媒介传播即在不同的传播渠道上展开全方位传播，包括官方网站、微信、微博、抖音等。文旅机构根据受众特征选择合适的渠道，并确保内容在各个渠道上的一致性和完整性。文旅政府部门协同联动各个单位，积极引导旅游景区、旅行社、酒店等，打造一批特色鲜明、人气活跃的宣传链条。

文旅机构应利用多种媒体平台和渠道进行传播，与受众进行互动交流。文旅机构通过发布有趣和有价值的内容，鼓励受众参与讨论和分享，增加内容的传播力和影响力。此外，还要积极回应和解答受众提出的问题，建立良好的互动关系。制作有吸引力的高质量视频内容，包括宣传片、微电影、系列短视频等，吸引更多观众并提升传播效果。与媒体建立紧密的合作关系，及时发布新闻稿件，增加媒体曝光。与知名的 KOL（意见领袖）合作，邀请他们参与文旅政务宣传活动并发布相关内容。通过他们的影响力和粉丝基础，提升传播的影响力。同时，与品牌进行合作，通过品牌推广活动来增加文旅政务传播的可见度和影响力。

通过多渠道媒介的传播方式，全矩阵文旅政务传播整体规划可以更全面、更多元化地传播信息，提升影响力，并与不同的受众群体建立更紧密的联系。济南市文化和旅游局基于 16 个新媒体平台、1 个官方网站和多家传统媒体渠道，依托数据分析等新技术手段，多屏共振打造文化传播热点。2022 年以来，济南市文化和旅游局新媒体各平台累计发布文章 19426 条，累计浏览量达 7 亿多次，云直播（转播）48 场，累计观看量达 2501.53 万人次。

4. 整合传播资源

文化和旅游政务新媒体传播涵盖多个领域，涉及了文化遗产的保护和传承、旅游业的发展和推广以及政府机构公共服务等多个方面。这些领域之间的整合和资源共享对于提升文旅政务的影响力至关重要。在传统的传播模式中，不同的部门或组织通常独立开展文旅政务传播活动，信息相对孤立闭塞，传达效果有限，同时，资源的分散使用和重复劳动也导致了资源的浪费。因此，构建全矩阵文旅政务传播整体规划，整合各种资源以提升政务宣传的影响力，达到更广泛、更精准的传播效果，具有重要的意义。通过全矩阵的整合，可以将不同领域的专业知识、技能和资源形成合力，输出更加综合和多元化的传播内容。整合传播资源的目标是扩大文旅政务传播的影响力，使更多人了解和参与文化和旅游政务新媒体相关的活动。传播资源的整合能够提高信息的传递效果和公众参与度，有助于推动文旅政务传播的可持续发展，提升城市的知名度和形象，促进经济增长和社会发展。

政府机构、旅游机构、媒体等建立合作关系，可通过联合宣传、互换内容、共同举办活动等方式，共同整合传播资源，提升传播的影响力。利用数字化营销工具，例如网站、社交媒体等，增加文旅项目的在线曝光度。同时在社交媒体平台与用户互动，分享独特的文旅体验和故事，创建有吸引力的视觉内容，以增加分享和互动。与各类媒体建立战略合作关系，包括电视、广播、报纸、杂志和新媒体平台等，拓展传播渠道，扩大传播覆盖范围，提升影响力。与媒体进行深度合作，共同策划和推广有影响力的传播活动，通过挖掘和展示地方文化特色，提升传播内容的独特性和吸引力。与当地艺术团体、文化遗产保护机构等合作，组织文化展览、表演活动，加强对地方文化的保护和传承，提升文旅政务传播的影响力和独特性。

与知名社会人士合作，借助他们的影响力来推广文化和旅游政务新媒体。可以邀请他们参与相关活动，或与他们合作制作内容，增加传播内容的曝光度和可信度。这些社会名人可以是领域专家、意见领袖等，在社交媒体或其他平台上具有众多的粉丝和广泛影响力。

总之，通过整合资源，文旅政务传播可以凝聚更多的力量，将文旅政务信息推向更广阔的受众，突出文旅政务的价值和吸引力，提升其影响力。

5. 品牌打造与形象塑造

全矩阵文旅政务传播通过多样化的渠道和策略，积极打造品牌形象，提升知名度和影响力，吸引游客，促进经济发展。近年来，济南大力发展工业旅游、康养旅游、研学旅游等文旅新业态，持续打造"泉城人家""泉城好礼""泉城夜八点"等品牌。2020年以来，济南创建国家级、省级旅游休闲街区5个；国家级、省级全域旅游示范区5个；国家级、省级乡村旅游重点村22个；国家级、省级旅游重点镇5个；国家工业旅游示范基地1个；省级工业旅游、体育旅游、康养旅游示范基地12个。2023年春节过后，济南在成为"网红城市"的道路上一路"狂飙"，形成了一批极具特色的城市IP，比如趵突泉、超然楼、千佛山、老商埠、芙蓉街、泉城广场、济南国际双年展、山东省科技馆新馆等。

品牌打造与形象塑造是文旅政府部门一项重要的任务，旨在将文化、旅游和政务领域的关键信息和价值观传达给目标受众，塑造积极正面的形象和正确的认知。文旅政府部门通过市场调研和数据分析，深入了解目标受众的需求、兴趣和行为特征；细分不同受众群体，并制定有针对性的传播策略和内容；确定品牌价值观和定位，包括制定统一的标识、口号和视觉风格，以及与品牌相关的声音和情感元素，确保在不同媒介平台上的一致性；制定与品牌相关的故事，强调品牌背后的文化、历史和价值观；制定针对不同目标受众的内容营销策略，通过创意和有趣的内容，将关于文化和旅游领域的信息传递给受众。

全矩阵文旅政务传播的品牌打造与形象塑造，是在当前信息时代和市场竞争激烈的背景下进行的。数字化媒体的普及使得传播成本降低，传播效果也更为直接和广泛。在文化多样性的背景下，越来越多的城市开始注重自身独特的文化价值。当地文旅政府部门通过文旅政务传播，突出地方特色，展示独特的文化形象，提升自身的影响力和竞争力。文旅政务传播建立起政府与公众之间的良好沟通与互信关系，提升了政府形象和公信力。

　　文旅政府部门构建文旅政务传播的品牌形象，要加强对外形象的宣传，注重打造独特的风格，树立良好的公信力和形象，从而增加影响力和认可度。要实施一批品牌培育项目，推动文旅融合品牌化发展，探索推进文旅融合的IP工程，用原创IP讲好城市故事。在区域布局、交通规划、人才建设、IP运营等方面形成综合协同体系，打造"全域旅游"的城市IP，在全产业链上形成联动创新，以多业态赋能，做强城市文旅品牌。

6. 数据分析和优化

　　随着互联网和移动技术的迅速发展，人们获取信息和参与交流的方式发生了巨大变化。在数字化时代和信息爆炸的背景下，文旅机构逐渐意识到数据分析和优化的重要性。

　　首先，数字化时代带来了海量数据的产生和存储。大量用户在互联网上生成了各种形式的数据，如网页浏览记录、社交媒体互动、搜索记录等。这些数据包含了丰富的用户行为信息，为传播策略的制定和优化提供了重要参考。其次，数据分析和优化能够更准确地了解和满足受众需求，进而有针对性地进行文化和旅游传播策略的制定和内容的优化。最后，数据分析和优化也可以提高传播效果和实现资源的最优配置。通过对传播活动的效果进行评估和监测，文旅机构可以了解宣传活动的影响力、转化率等指标，从而不断优化传播策略、平台选择和资源配置，以提高传播效果和降低成本。因此，全矩阵文旅政务传播依靠数据分析和优化，能更好地满足受众需求，提升传播效果，建立更好的品牌形象和提升整体影响力。

文旅政务新媒体创作者深入了解不同受众对不同内容的反应和喜好，从而优化传播内容。例如，通过分析用户喜欢评论、转发和点赞的内容，可以了解用户对于哪些热点话题、具有故事性的内容或与当地特色相关的内容感兴趣。基于这些信息，新媒体创作者可以调整传播策略，创作更具吸引力和共鸣的内容，还可以根据不同渠道的受众特征和影响力，从而进行渠道选择和优化。例如，分析不同社交媒体平台的用户特征和活跃度，确定在哪些平台上进行传播和互动更有效。通过对数据进行监测和分析，可以对传播效果进行评估和反馈。例如，文旅政务新媒体创作者通过监测网站流量、社交媒体互动和用户留存率等，可以了解传播活动的影响力。

文化和旅游政务新媒体探索将人工智能运用在新闻采集、生产、分发、接收、反馈中，用主流价值导向驾驭"算法"，全面提高舆论引导能力。运用数据分析工具对传播效果进行定量和定性的评估，了解受众反馈、内容互动情况、传播效果等，根据数据分析结果，及时调整策略，优化传播方式和内容，以达到最佳影响力。

7. 持续创新和改进

对全矩阵文旅政务传播策略进行持续的创新和改进，关注文化和旅游政务新媒体发展趋势和受众需求的变化，引入新技术和新媒体手段，不断提升城市传播的创意水平和效果，是智能化媒体发展与探索的新路径。

现代社会中，人们对文化、旅游和政务信息的获取和传播有了更高的期待和需求。互联网和数字技术的飞速发展使得信息传播的速度加快，范围更广，人们可以通过多种渠道随时随地获取信息，这对各地文旅部门来说既是重要挑战，也是巨大机遇。政府相关部门需要不断适应新技术和平台创新传播方式，更好地利用数字化和信息化的优势，进行政务等信息的传播。在媒体市场竞争激烈的背景下，文化和旅游政务新媒体需要不断进行创新和改进，以新颖的内容、独特的体验和个性化的服务帮助政府部门提升政务传播竞争力。人们的媒体使用和消费习惯已经发生了剧烈的变化，更倾向于使用移动设备和社交媒体来获取信息和参与互动。文旅政府部门需要跟上这些变化并调整策略，通过适当的传播渠道和方式与目标受众进行有效沟通。只有紧跟时代发展，不断创新和改进，文旅机构才能与时俱进，提供优质的传播服务，满足受众的期望和需求。

文旅机构应积极应用新的技术和工具，如人工智能、大数据分析、虚拟现实等，提升传播方式和效果。创新技术的运用可以创造更生动、交互式的传播形式，提供更个性化和符合受众偏好的体验；创新内容形式，以满足受众的多样化需求是文化和旅游政务新媒体当前实现纵深发展的要求。例如，通过短视频、演示文稿等方式，展示地域文化、旅游景点和政务服务；结合故事讲述、游戏化体验等形式，使内容更富趣味性和吸引力；积极运用社交媒体平台与受众进行互动和沟通，了解他们的反馈和需求，及时回应问题和提供解决方案，建立良好的互动关系和口碑；不断优化和改进用户体验，提供更便捷、个性化的服务和体验。例如，通过提供在线预订、导览系统、导游服务等，方便游客获取信息和规划行程；运用用户调研、问卷调查等方式，收集反馈意见和改进建议，持续提升用户满意度。

以上内容作为全矩阵文旅政务传播整体规划的关键要素，在实施过程中，文旅机构需要结合具体情况进行细化和调整，并注重与实际操作相结合。

文旅政务传播的影响力评估是衡量传播效果的重要手

段。影响力是指文旅政务传播活动对受众心态、态度和行为的引导程度。评估影响力可以帮助文旅机构了解传播效果，决策者可以根据评估结果调整传播策略和措施。影响力评估还有助于判断传播活动对文化旅游和政务传播目标的实现程度，使决策者发现可改进之处。常用的评估指标包括：受众覆盖率、媒体曝光量、社交媒体互动量、观众调查反馈、推广效果等。为了得出全面准确的评估结果，可以建立综合评估方法，常用的方法有层次分析法、模糊综合评价法、加权平均法等。综合评估方法能够综合考虑各项指标的权重和评分，得出综合的影响力评估结果。同时，文旅机构要实时跟进传播效果，及时评估并做出必要的调整，以提升文旅政务传播的影响力。

第二节 数据分析与人工智能技术

随着互联网普及和数字化技术的发展，各平台用户产生的数据量呈爆炸性增长。多渠道数据整合和分析在文化和旅游政务新媒体全矩阵构建方面尤为重要。用户个性化需求增多，传统传播方式已经不能满足用户个性化需求，互联网和社交媒体的兴起为用户提供了更多选择和参与方式。用户希望获得与自己兴趣相关、个性化的信息和服务，数据分析和人工智能技术的应用能够实现对用户需求的深度洞察，提供更加个性化的传播内容和体验。

近年来，数据分析和人工智能技术与政务服务有了更紧密的结合。人工智能算法的进步，如自然语言处理、机器学习和图像识别等，使得数据的处理和分析更加高效和准确。同时，云计算和大数据技术的发展提供了更好的数据存储和处理能力，为数据分析和人工智能技术在文旅政务传播中的应用奠定了基础。构建全矩阵文旅政务传播整体规划需要充分利用数据分析与人工智能技术，以提升传播效果和精准度，实现更智能化的传播策略。

当前，人工智能技术已嵌入文化和旅游政务新媒体信息采集、内容生产、平台分发、效果评价、舆情监测、运营管理、便民服务等环节。中国传媒大学新媒体研究院、新浪 AI 媒体研究院发布的《中国智能媒体发展报告（2019—2020）》结果显示，国内政务新媒体机构高度认同智能化发展的重要性，并将智能化战略视为未来发展的核心途径，积极探索智能化技术应用的新模式、新场景与新路径。数据分析在文旅政务传播整体规划中发挥着重要作用。文旅机构通过收集、整理和分析大量的数据，可以深入了解公众对文旅政务的需求、兴趣。基于这些数据，也可以进行受众画像分析，确定目标受众的特征和倾向，选择恰当的传播内容和形式。

人工智能技术在全矩阵文旅政务传播中具有巨大潜力。例如，自然语言处理技术可以实现对文本内容的理解和分类，快速筛选和提取相关信息；图像识别技术可以辅助分析用户在短视频平台上传的图片和视频，挖掘出有价值的素材和故事；推荐算法可以根据用户的历史行为和兴趣，个性化地推送相关的文旅政务内容。文旅机构通过应用人工智能技术，可以提高传播效率和精准度，使传播策略更加贴合受众需求，提供更优质的用户体验。以5G、大数据、计算机视觉、情感计算等为代表的新技术引领了新一轮数字内容革命，不断推动文化和旅游政务新媒体生产动能智能升级，产业生态智能迭变，媒介融合得以纵深发展。

同时，基于人工智能技术，文旅政府部门和相关机构可以开发智能化的文化和旅游政务服务平台，为公众提供个性化的推荐、导航和解答，提升服务质量。

文化和旅游政务新媒体将实现技术、用户、平台和生态四个维度的发展。技术维度：借助智能技术实现以用户为导向的智能化信息生产与精准化信息分发，紧密连接文化和旅游政务新媒体与公众，使政策信息与公共服务更好地惠及全民；用户维度：提升以文化和旅游政务新媒体为场域的公众有序参与城市形象品牌建构过程，提高政府与用户互动的效率与质量，将网上群众路线走扎实；平台维度：建设渠道整合、资源共享、生态拟真的文旅政务平台产品，推动更多活动"线上联动"，最终走向"文化和旅游政务新媒体与网民之间的城市互动"；生态维度：以文化和旅游政务新媒体为中介，发展"以游客为中心"的城市品牌建构、强化主流价值观的传播。

总之，文旅政府部门构建全矩阵文旅政务传播整体规划需要充分发挥数据分析与人工智能技术的作用，通过数据分析，深入了解目标受众的需求和反馈，为传播策略提供依据和优化方向。而人工智能技术则可以提高传播效率和精准度，实现个性化推送和智能化服务。数据分析与人工智能技术有机结合，可实现更智能化、精准化的文旅政务传播，进一步提升传播效果和公众参与度。

数据分析和人工智能技术的应用能够帮助传播机构实现以下几个方面的需求。

通过数据分析技术，深度了解受众的特征、兴趣和行为。根据数据洞察，传播机构可以更加准确地把握受众需求，为其提供更加个性化、精准的内容和服务。例如，AI技术的出现改变了受众获取信息的传统方式，在"万物皆媒"的环境中，AI技术极大地拓宽了受众了解政务新媒体信息的渠道，能让受众以全面的视角采集信息。借助数据分析技术，传播机构可以对过去的传播活动进行评估和分析，了解不同渠道、不同内容形式和不同时间段的传播效果。根据这些分析结果，可以优化传播策略，调整平台选择、内容设计和投放时间，以提高传播效果和回报率。在内容创作和推广方面，数据分析与人工智能技术结合，可以帮助传播机构发现热门话题、趋势和关键词等，指导内容创作和推广。

AI 技术已被应用于政务新媒体工作，如信息采集，内容生产、分发、传播，舆情监测及便民服务等。通过数据分析和智能算法，传播机构可以进行决策制定。数据可以为传播机构提供完整客观的信息，帮助其做出正确的决策，同时提升用户体验。人工智能技术如自然语言处理、图像分析等可以为用户提供个性化推荐。文化和旅游政务新媒体运用数据了解受众需求、行为模式和兴趣偏好，进一步精准传播优质内容。

文旅机构应选择适合文化和旅游政务新媒体数据分析的工具和算法。常用的工具包括 Python 中的 NumPy、Pandas 和 SciPy 库等。根据具体情况，选择合适的统计分析方法、机器学习模型或深度学习模型进行数据分析和预测。另外，还要对大量数据进行处理和分析，并根据用户画像和行为模式，实现个性化推荐和智能筛选。这样可以提供用户感兴趣的内容，并减少信息的冗杂度，提升用户体验。

例如，政务新媒体中的人机协同模式提高了内容生产的效率，并利用云端共联实现多元主体的"协作式"报道。以气象部门为例，其借助政务新媒体、5G 技术、AI 技术、大数据技术、物联网等打造了"智慧气象"系统，极大地提高了天气预报的精准度，为民众的生产、生活提供了便利，而且衍生出诸多应用场景，能够向智慧城市建设提供多元化的气象服务。① 文化和旅游政务新媒体同样可以利用人机协同提高传播的效果，基于用户画像和行为分析的结果，开发智能推荐系统。通过个性化推荐，向用户展示他们可能感兴趣的文旅政务信息，增加用户黏性。

全矩阵文旅政务传播整体规划应该综合考虑信息安全、隐私保护、技术可行性等因素，并定期评估和优化传播效果，不断提升公众满意度和参与度。如今，文化和旅游政务新媒体已经朝数字化、智能化的方向发展，这场由技术驱动、政策引领的媒介融合改革已经得到快速发展。在人工智能、云计算、大数据等数字技术洪流中，文化和旅游政务新媒体将人和人、人和物、社会和政务等数字化、智

---

① 涂洪樱子. 中国气象局政务新媒体的短视频实践经验 [J]. 传媒，2023（10）：51-53.

能化整合到多个对象与场景中，成为推动文旅政务快车驶入智慧化、深度媒介化时代的重要力量。信息源作为信息传播的原始素材，直接影响着城市形象的建构和传播效果，文化和旅游政务新媒体作为连接群众的重要渠道，须充分挖掘和整合各类信息资源，让用户能够随时随地更充分地了解相关信息。

以上措施可以提高文化和旅游政务新媒体数据分析和人工智能技术的水平，更好地满足公众需求，提升传播效果和服务质量。

第三节 前景与挑战

利用移动短视频、社交媒体和其他数字化平台，文旅政府部门和相关机构可以更加直接、高效地与用户进行沟通和互动，提升城市信息传递的速度和广度。同时，数据分析和人工智能技术的应用，可以实现个性化推送和精准营销，满足公众多样化的需求。全矩阵文旅政务传播策略将促进公众对文旅政务的更深入了解和参与，推动文旅产业和政务服务的发展。

文化和旅游政务新媒体矩阵的建设并非始终是线性的变换，它还会出现从 A 平台到 B 平台的跃迁，如政府门户网站的建设不是传统媒体的位移，而是全新的政务传播平台的再造。当文化和旅游政务新媒体建立后，政府认知媒体的坐标发生改变，文旅政府部门更加积极主动地从事城市形象宣传。政府门户网站拓宽了政府与群众的沟通渠道，政务传播能够让公众"'看得见''听得懂''信得过''能监督'"。政务信息的公开透明是建立和谐社会、增强政府公信力的重要手段。文旅政府部门需要主动推广城市传播信息，增强公众对城市宣传工作的了解和参与。

然而，构建全矩阵文旅政务传播整体规划的过程中也存在一些问题。首先是信息过载。在数字化时代，公众每天都接收大量的信息。如何在众多信息中脱颖而出，引起公众的关注和参与，是一个重要的挑战。其次是信息可信度和隐私保护问题。在信息泛滥的环境中，如何确保传播的信息准确可靠，避免虚假信息的传播，同时保护公众的个人隐私，是一个需要重视的问题。最后，数字鸿沟和技术普及不均也是一个挑战，因为并非所有地区和人群都能够平等获得数字化传播平台和相关技术。

为了应对这些问题，文旅政府部门需采取一系列措施。首先，加强内容质量管理，提供高质量、真实可信的文旅政务信息，建立公众对信息的信任。其次，加强数据安全和隐私保护，采用安全加密和隐私保护技术，确保公众的个人信息得到有效保护。此外，需要注重数字包容性，推动数字技术的普及和应用，确保各地区和人群都能够平等受益于全矩阵文旅政务传播。最后，建立有效的监测与评估机制，及时了解传播效果和公众反馈，不断进行整体优化，提升传播效果和公众参与度。

构建全矩阵文旅政务传播整体规划，即通过全方位、全媒体、全渠道的方式，推动文化和旅游政务信息的传播。文化和旅游政务新媒体通过全矩阵传播整体规划，可以实现政务信息的多渠道传播，覆盖更广泛的受众群体，提升信息传达的效果和提高影响力。全矩阵传播整体规划将整合各种传播渠道与媒体资源，提高传播效率，使更多人能够接触到文化旅游信息和政务信息。同时文化和旅游政务新媒体要通过个性化推荐、社交媒体互动和在线办事等功能，增强公共参与感，促进政府与公众之间的良性互动。文化和旅游政务新媒体还要利用新兴科技，提供更丰富、互动性更强的文化和旅游政务信息传播体验，增强用户参与感，推动文化旅游的发展。

国务院办公厅在《关于推进政务新媒体健康有序发展的意见》中明确指出："突出民生事项，优化掌上服务。强化政务新媒体办事服务功能，围绕利企便民，聚合办事入口，优化用户体验，推动更多事项'掌上办'。要立足工作职责，重点推动与群众日常生产生活密切相关的民生事项向政务新媒体延伸。"因此，政府部门在注重传播的同时，应更多地注重服务。一方面，对文化和旅游政务APP应不断进行功能升级，解决APP功能不完善、实用性低、体验效果差等问题；另一方面，基于微信小程序平台，文旅政府部门可以为用户提供便捷的服务。此外，文旅政务新媒体的运营人员也需要进一步提升服务意识，实现文旅信息发布、游客互动等多种并举，从而更好地听民声、汇民意与解民忧。

在移动社交媒体背景下，文化和旅游政务新媒体建设还应发挥引领主流思想的作用，明确政治方向和价值取向，参照党管媒体的发展方针，始终坚持服务群众的方针和原则，顺应用户的需求，把文化和旅游政务新媒体作为权威信息发布平台，引领主流价值观，当谣言出现时，及时辟谣，避免群众出现恐慌心理，确保整体舆论处于积极向上的状态。①

在信息过载的传播生态中、"内容为王"的生存法则之下，一些文化和旅游政务新媒体对信息资源重视程度不

---

① 于竞航，吴青璇，黄丹一等.媒体微信公众号矩阵设置策略［J］.财富时代，2019（7）：119.

够，整合力度不足，没有充分发挥资源优势，或生产创新能力不足，或传播影响力有限。人工智能技术赋能后，将形成以先进技术为支撑、创新管理为保障、"内容＋服务"为导向的全新文旅政务新媒体内容生态圈，实现"内容＋平台""内容＋技术"价值共振，开创更具引领力、传播力和影响力的优质内容新样态。

在智能传播时代，智能化技术贯穿文旅信息创作生产和传播的全过程，想要实现智能化转型就必须借助智能媒介技术驱动自身发展。以此为前提，智能化转型分为两个方面。一方面，应借助智能媒介技术实现智能化、精准化信息投放，寻找潜在用户群体。以往，文化和旅游政务新媒体缺乏准确性，无法精准覆盖文旅产业潜在服务群体，成为其"圈粉"和"破圈"最大的阻碍之一。如今，文化和旅游政务新媒体借助人工智能技术，可以根据文旅单位的源头信息，自动编辑创作，生成原创内容，甚至在信息收集、提取、呈现等一系列过程中达到人力所无法达到的广度和深度，同时也兼具更为大众所接受的审美趣味及创意思路。这样一来就可以有效解决在传统运营过程中存在的信息时效性差、信息更新不全、缺乏原创性、缺乏吸引性、潜在用户群体挖掘度较低等问题，更好地满足用户需求，吸引更多用户关注，传递更加全面、准确、有效和有趣的信息内容。另一方面，在智能传播时代，算法可以通过收集用户数据、描绘用户画像等，从而预判用户的行为和需求。文旅政务新媒体可以借助这种智能媒介技术建立"用户思维"，从以往的个性化推荐转向精准化分发，有针对性地推送用户需要的宣传推广信息，借助对算法技术的深度学习和合理应用同用户建立连接，实现运营目标。

大数据给文旅政务传播带来了新的机遇和挑战。如何有效收集、处理和分析大数据，从中获取宝贵的洞察结果，并将其应用于传播策略的制定和优化，是当前文旅机构面临的重要挑战之一。在数据采集和分析过程中，文化和旅游政务新媒体应注意保护用户的隐私，遵守相关法律和规定，确保数据存储、传输和使用的安全性，防止数据泄漏和滥用。数据质量影响数据分析和人工智能技术成果的准确性和可靠性。文化和旅游政务新媒体需要建立有效的数据采集机制，确保数据的准确性。

构建全矩阵文旅政务传播整体规划，还需要投入大量的技术开发和平台建设。此外，维护和运营也需要一定的成本。不同用户对于文化和旅游政务新媒体的接受程度和参与意愿有所差异，文化和旅游政务新媒体需要针对不同用户群体进行策略设计和宣传引导。同时，文旅政府部门在搭建矩阵上仍然存在浮于形式等问题，只是形成了矩阵结构，但并未发挥矩阵统筹、协同、整合的作用，尤其是信息互通的功能不明显，未能达到"1+1＞2"的效果。

从冰雪大世界退票舆情的"出师不利"到全网的口碑逆袭，哈尔滨文旅政府部门的真诚态度和踏实行动成了口碑逆袭的"必杀技"，这也折射出其管理智慧和服务水平。2023年12月19日，哈尔滨冰雪大世界官方微信公众号发布《致广大游客的一封信》，公开致歉、揽责担过、连夜整改，让游客感受到诚意。2023年12月25日，一封《当好龙江东道主　温暖助游八方客》的倡议书幽默号召市民承接好这"泼天"的情谊。2023年12月31日，黑龙江省致海内外游客朋友们的新年感谢信中真诚表示"这个冬天，您的传扬，把很多龙江人都'整不会了'"。2024年1月2日，哈尔滨文旅发布《关于加强价格自律　提升服务质量的倡议书》，号召宾馆酒店等经营企业珍惜"出圈"机遇，不盲目涨价，多家企业承诺共同为承接旺季旅游热的"泼天富贵"助力。可以看出，官方倡议的针对性、及时性、持续性、创新性，体现了文旅政府部门对文旅市场的精准把控、敏锐洞察和快速反应，而在表达上，文旅政府部门突破传统官方话语体系，其幽默风趣的表述，也展现东北人一以贯之的友善、热情与风趣"人设"。

哈尔滨在全国现象级的"走红"，为其他省市的文化和旅游政务新媒体在舆情应对方面做出示范。文旅政府部门在回复舆情时，要尽量使用诚恳、直观的标题，或者辅以模拟动画帮群众厘清来龙去脉，凸显政府负责任的形象，使政府在与网民沟通的过程中获得信任。但是，文旅政府部门在面对故意滋事者，以及谣言的发起者、传播者则要通过法律手段进行严肃处置。此外，文化和旅游政务新媒体必须强化治理思维，积极构建与其他账号通力合作的长效机制，抢占舆论阵地。综上所述，文化和旅游政务新媒体合理规划和综合考虑相关因素，可以最大程度地发挥全矩阵传播的优势，并能克服潜在的困难和问题。

随着社会发展和科技进步，文旅政务传播的形式和策略也在不断变化。构建全矩阵传播整体规划需要文旅政府部门具备持续学习和创新的能力，需要及时调整和更新策略，以适应时代的发展和新的传播趋势。面对这些挑战，文旅政府部门需要综合考虑各个方面的因素，整合资源，加强合作，不断创新和适应变化，以提升传播效果，满足公众需求，促进文化旅游和政务的发展。

近年来，济南市文化和旅游局充分利用新媒体平台兴文旅、展形象，成功搭建济南市文旅新媒体宣传矩阵，创新推出"智慧宣传云享济南——1+3+N 文旅宣传新模式"。基于此，济南市文化和旅游局传播矩阵平均每年推送信息

2 万条，在线互动量达 700 万次，阅读量超 10 亿次。济南市文化和旅游局打造数据中心，建立包括文字库、图片库、视频 /VR 库在内的文旅多媒体资源库。通过开展全市文旅信息采集，夯实文旅宣传服务基础，确保宣传内容的真实性、准确性、时效性，并通过签约摄影师、授权使用、图片共享、政府采购等方式，解决政府及行业单位在城市宣传图片使用上的基础信息匮乏及版权问题。值得注意的是，济南市文化和旅游局还打造活动推广中心，矩阵化、联合式、创新性开展城市营销。济南市文化和旅游局开设微博话题"醉美济南"，引导网友记录分享城市点滴，该话题阅读量高达 3.3 亿次，参与讨论 11 万人次；通过牵手王牌真人秀，开展"奔跑吧济南"全网营销推广，相关话题多次占据热搜榜，话题讨论万余人次；依托城市热点、重点工作等，开展话题营销，如济南首次申评即入选 2022 年中国"东亚文化之都"，助力"东亚文都 天下泉城"品牌推广。

打造内容生产中心，利用矩阵内包括微信、微博、头条号等 9 大平台及包括抖音、快手等 6 大视频平台依托基础信息生产并分发城市宣传内容。同时，以制度建设为保障，强化底线思维，不断完善包括政务新媒体信息采编与审核发布制度、平台管理制度、应急响应制度等在内的制度建设，明确平台定位，确保平台真正担负起信息传递、政务服务、互动沟通和舆论引导等多重职责。

文化和旅游政务新媒体矩阵不仅承担了部分媒体功能，而且在数字空间内丰富了政务媒体的概念，创新了新媒体语境下政府与媒体的新型契约关系。人们对政务新媒体的认知是在发展中不断清晰的，政务新媒体的功能沿着"信息传播—舆情管理—电子政务—数字政府"的轨迹不断深化。当文化和旅游政务新媒体矩阵向高端进化的时候，它不会简单抛弃原有的功能定位，而是按照"向后兼容"的原则整合更新。整合后的文化和旅游政务新媒体既是城市传播、意识形态的新阵地，也是信息发布和数字政府的新平台。政府部门和相关机构只有通过综合规划和战略布局，才能更好地利用现代传播手段和渠道，实现文旅政务传播工作的目标和使命。

经过近30年的发展，网络空间已经成为中国人生活的第三空间，中国网络空间也成为全球最活跃的数字空间。当现实的社会关系和利益关系不断向网络空间迁移的时候，各地各级政府也不断拓展它的治理空间，逐渐实现政府管理的数字化和智能化。文化和旅游政务新媒体作为建立在网络基础上的信息传播载体，主要承担着两个方面的重要任务：一是平移传统媒体的城市信息传播和城市舆情管理功能，化解社会危机，塑造政府形象；二是创造数字化的城市治理规则和治理模式，实现社会关系的数字化，提升政府治理水平。我国政务新媒体是从政府门户网站建设开始的，此后逐渐形成立体化的媒体矩阵，目前正在融合成系统化的数字政府平台。文化和旅游政务新媒体的出现使政府的政治传播、城市形象塑造变得更加积极主动。

2020 年发布的《中国互联网络发展状况统计报告》显示，政务新媒体已经覆盖政务服务整体搜索、政务微博、政务头条号、政务抖音号等板块。其中实现"政务＋互联网"的平台早已从最初的门户网站走向"两微一端"、抖音、今日头条等多元化平台，形成了强有力的矩阵形式。而在新媒体矩阵的格局下，由于各平台的受众主体不同，展现的内容以及形式也不同，使得文化和旅游政务新媒体朝着精准化、精细化、特色化的方向发展。

在当前新媒体激烈的竞争生态中，文化和旅游政务新媒体在吸引用户注意力、提供服务方面仍存在瓶颈，文化和旅游政务新媒体在保证内容具备吸引力的同时，要兼顾对主流思想的传播以及确保信息的可靠性，相较于个人或非官方文旅新媒体账号而言，将面临更为严峻的挑战。因此，在市场竞争中，文化和旅游政务新媒体不得不借助其他渠道和方式的赋能才能更好地突出重围，打造文化和旅游政务宣传阵地。

　　不断完善算法适配机制，精准识别本地用户需求与使用场景，运用智能算法技术为支撑，构建"政务＋服务＋技术"的融合多功能的一体化平台，将成为未来文化和旅游政务新媒体平台再造的关键。文化和旅游政务新媒体既要实现大众化要闻的推送，又要提供个性化的信息服务，可通过精准定位和智能推送让有效信息脱颖而出。

第六章
策略：文化和旅游政务新媒体发展策略和建议

　　随着信息技术的不断发展，新媒体已逐渐成为政务公共服务的新型载体。当文化和旅游作为人们娱乐休闲的重要方面时，文旅政府机构如何在新媒体时代发挥新媒体的作用，加强与公众的互动，提高政府公共服务的效率和质量，已成为需要思考和解决的问题。近年来，文旅政务新媒体呈现百花齐放的良好局面，一批优质账号出新出彩，众多有思想、有温度、有情怀的内容叫好叫座。面对互联网数字化加速发展，如何顺应时代要求，把握传播规律，不断加强网络内容建设、优化政务服务、凝聚社会共识，充分运用文旅政务新媒体展示新形象、传播好声音是本章节探索的内容。因此，本章节将基于目前文旅类政务新媒体现状及存在的问题，提出相应的发展策略，旨在提高其影响力和社会认知度。

文化和旅游政务新媒体建立的目的是提供更加便利的信息服务，促进政府与公众的交流互动，推动文旅产业发展。文化和旅游政务新媒体的发展具有重要的政治、经济和社会意义。在政府功能方面，文化和旅游政务新媒体可以加强政府与公众的沟通和联系，提升政府工作的透明度和公信力，促进城市形象构建。在经济方面，新媒体平台向公众提供文旅信息和服务，可以促进旅游经济、文化创意产业的发展，拉动消费和提高就业率，提升地方经济的竞争力。在社会方面，文化和旅游政务新媒体可以满足人们获取文化、旅游等方面信息的需求，提升公众文化素质和生活质量。

当前，文化和旅游政务新媒体发展面临着一些问题和挑战。信息碎片化和信息不对称使得用户难以获取准确全面的信息，用户体验不佳，满意度不高；数据安全和隐私保护问题也引发了公众的担忧和不信任。研究文化和旅游政务新媒体发展策略和建议，旨在提升政府部门的服务能力，促进文旅产业的发展，推动地方经济的繁荣，提升人民群众的文化生活质量，实现政府和民众的互惠共赢。

文化和旅游部的组建设立，统筹规划了文化产业和旅游产业，打破了文旅融合发展的体制性障碍，为文旅经济高质量发展奠定了基础。此后，国务院办公厅印发了《关于进一步激发文化和旅游消费潜力的意见》等政策文件，文旅经济迎来了良好的发展机遇。党的二十大报告提出："坚持以文塑旅、以旅彰文，推进文化和旅游深度融合发展。"文化和旅游深度融合、相互促进、协同发展，在推动中华优秀传统文化"创造性转化、创新性发展"方面发挥了积极的作用，成为提升城市品质、促进乡村振兴的重要生产力。

进入智媒发展的新阶段，智能技术不仅昭示着媒体融合的纵深发展，带来文化和旅游政务新媒体生产领域的深度变革，也在全方位地重塑着传媒业态。当前，5G、人工智能、物联网、大数据和云计算等新兴技术日渐应用于文旅政务传播领域，与文旅政务新媒体交互融合，这对如何利用新兴技术构建线上智慧政务平台，塑造全新的"网上文化和旅游政府"形象，提升文旅政务传播能力和传播效果有着重大现实意义。

文化和旅游政务新媒体已经成为媒体融合发展的重要一环，主要侧重于提供政务服务、行业大数据与专业领域内决策分析。在未来，随着"智能+"的聚能与落地，文化和旅游政务新媒体将进一步加速线上与线下的融合，不再局限于媒体行业自身的资源整合和功能提升，而是在更为宏大的社会范围内，经过媒介化的深刻变革后融合各领域资源，连接、激活全社会生产生活要素，从便民利民的基础信息设施演进为现代化城市建设的推动者、整合者和城市形象传播的贡献者。

第一节　强化顶层设计与协同推进

文化和旅游政务新媒体工作是政府工作的组成部分，是政府部门履行的文旅产业管理职责，同时也是政府部门与公众进行沟通的桥梁。因此其发展不是孤立的，它存在于一个宽广的政治环境、公共服务体系和数字城市治理系统中。从最初的单纯开展新媒体账号发布活动，到社交媒体跨平台联动，再到团结和动员各类社会组织、利益相关者、意见领袖等，文化和旅游政务新媒体已经从单一发布走向了多层次的矩阵化运作和品牌化运营。

在信息高速发展的时代，公众对于获取高质量、准确且有价值的文化和旅游信息的需求越来越高。因此，文化和旅游政务新媒体需要完善文旅信息的传播渠道和服务质量，提升内容的影响力。

文旅融合促进产业转型升级，助力创新型城市建设。城市产业创新能力是创新型城市的重要衡量指标之一，合理化、高度化的产业结构有利于增强创新型城市建设水平。文旅融合促进了文旅产业的快速发展，而文旅产业作为经济社会效益高、发展潜力大、市场前景好的朝阳产业，成为优化区域经济结构、加快构建现代产业体系的重要方向。文旅融合还可以通过"文旅＋科技""文旅＋创意""文旅＋康养""文旅＋时尚""文旅＋体育"等催生出新业态、新模式，为创新型城市建设提供了产业支撑。

文化和旅游政务新媒体建立政府引导和统筹机制。政府部门应制定全面的发展规划，明确发展目标和路径；建立跨部门的协调机制，提升整体协同推进效果；加强对文化和旅游政务新媒体发展的引导和推动，提供资源支持和政策保障；政府可以建立综合性的文化和旅游政务新媒体平台，集成各类文旅政务信息和服务，以便公众一站式获取相关信息。

提升技术支持和管理能力，加强对新媒体技术和应用的研究，培养专业人才，提升技术支持和应用水平，制定相应的管理规范和流程，确保文化和旅游政务新媒体的安全性和可持续发展。加强宣传与推广，提高公众的意识和参与度，利用多种形式的宣传手段，向网友传播城市形象相关内容；鼓励创新机制和项目合作，通过激励文化和旅游政务新媒体平台创新机制，鼓励企业、社会组织等参与文化和旅游政务新媒体的发展中来；支持和推动跨界合作，促进文化和旅游政务新媒体与其他产业融合，创造更多合作机会和创新项目；加强监管和安全保障，一方面文旅政府部门应加强对政务新媒体平台的监管，确保信息的真实性和准确性。另一方面，文旅政府部门要加强数据安全和隐私保护，制定相关法规和政策，保障用户信息的安全。

文旅政府部门通过强化顶层设计与协同推进，不仅可以实现文化和旅游政务新媒体的整体发展和资源整合，还能有效促进文旅产业的发展，提升公众对政府的满意度和信任度，推动地方经济的繁荣与社会整体的进步。

文旅政府部门加强文化和旅游政务新媒体平台建设，应提升内容品质，创新内容策划。首先，通过挖掘和整合文旅资源，推出具有吸引力和实用性的内容，如旅游景点介绍、文化活动预告、政策解读等，以满足网友对文旅信息的需求。其次，文化和旅游政务新媒体平台的界面设计应注重简洁、美观和易用性，提供用户友好的交互体验。通过合理布局和直观导航，使用户能够快速找到所需的文旅政务信息，实现便捷的在线服务。再次，文化和旅游政务新媒体平台应鼓励用户参与和互动，引入评论、点赞、分享等功能，以便用户能够表达意见、分享经验和建议。

政府部门应及时回应用户的反馈和问题，建立良好的

互动机制，增强用户对文化和旅游政务新媒体平台的参与
性和黏性；加强数据分析与优化，应利用大数据分析工具，
对平台使用情况和用户反馈进行深入分析，提高政务新媒
体的使用效果和品质；还应明确关键指标和评估标准，定
期评估新媒体平台的运行效果和改进方向；加强新媒体平
台建设和管理方面的专业人员培训，提高相关人员的技术
和管理水平；积极引进和应用现代科技手段，提升文化和
旅游政务新媒体的操作性和创新能力。

通过加强文化和旅游政务新媒体平台建设，政府部门
为公众提供更有品质的文旅信息和服务，有利于提升政府
形象和公信力，促进文旅产业的发展，增强公众对政府工
作的认同感和满意度。

各地文化和旅游相关部门在不同的新媒体平台上建立
不同形式、不同类型、不同内容的文化和旅游政务新媒体，
为公众提供了多样的媒体形态体验。文化和旅游政务新媒
体矩阵可以与实体文旅资源相结合，建立城市公共文旅资
源共享平台，整合城市区域内与文旅相关的资源，创新服
务模式。文旅政府部门通过整合资源和创新服务，可以进
一步提高文化和旅游政务新媒体的运营质量，扩大受众覆
盖面。同时，文旅政府部门还应加强对文化和旅游政务新
媒体平台的管理，推动平台化运营、专业化推广和内容品

质管理，提高文旅服务质量。

　　要提升文化和旅游政务新媒体的总体地位，必须打造融媒体矩阵，完成新媒体与传统媒体的内容结合与传播升级。文旅政府部门应将新媒体平台视作重要信息的首发平台，扩大信息权限，以优质、权威、及时的信息引领融媒体矩阵。2023年底，全国文化和旅游政务新媒体矩阵正式成立，文化和旅游政务新媒体传播力指数评价体系发布。评价体系由文化和旅游部办公厅（新闻中心）会同中国旅游报社、中国社会科学院新闻与传播研究所制定，评价维度包括运营情况、传播效果、协同情况、导向评价4个方面。文化和旅游部办公厅（新闻中心）将会同各地文化和旅游行政部门，进一步整合资源、凝聚力量、集群发展，推动平台共建、信息共通、资源共享，不断提升文化和旅游政务新媒体传播力、引导力、影响力、公信力，为文化和旅游高质量发展营造良好氛围。

　　作为政府与公众互动的实时窗口，文化和旅游政务新媒体应成为政府舆情应对措施中的重要一环。政府部门应以数字化改革为契机，与其他部门协同，不断探索大数据传播与数字化治理体系的关系。在全力做好线上媒体矩阵搭建的同时也要发挥好线下实体活动的影响力。例如，以当地特色节日或国家性节日为主题来组织开展活动，每年十月一日组织开展"歌唱祖国，歌唱党"主题活动，组织群众上传歌唱视频，在区域内标志性地点以"镜头＋新媒体"的方式，多角度、全方位地展示群众多姿多彩的日常生活，展现城市经济发展的成果。

加强新媒体人才梯队建设，提升团队及负责人员专业素质，建立专业人才的发展途径。文旅政府部门可以建立一套科学合理的培养与选拔体系，包括选拔优秀人才进入文旅政务新媒体部门，并定期进行人员评估和职业发展规划；为文旅政务新媒体人员提供专业培训和学习资源，包括新媒体技术、内容策划与编辑、数据分析等方面的培训课程；鼓励人员通过自学和参与行业研讨会、论坛等途径不断提升自己的专业知识和技能；搭建交流与合作平台，积极推动文化和旅游政务新媒体团队与其他单位的交流合作，包括与媒体机构、高校、科研院所等建立合作关系，共同开展项目、培训和研究，提升文化和旅游政务新媒体团队的专业视野和能力。

文旅政府部门可以建立岗位晋升和激励机制，为优秀的文化和旅游政务新媒体人员提供发展空间和机会。通过设立专业技术岗位等方式，激励人员不断学习和成长，并提供广阔的发展空间；文旅政府部门可以成立专门的业务指导团队，由业内专家和资深从业人员组成，提供指导和辅导。业务指导团队可以定期组织培训、讲座和经验分享会，帮助团队成员提升专业素质和工作能力。通过加强人才梯队建设，文旅政府部门可以培育出一支高素质、专业化的队伍，提升整体运营能力和服务水平。这将有助于推动文旅事业的发展，提升政府在新媒体领域的影响力和竞争力。同时，也能吸引更多优秀的人才加入文化和旅游政务新媒体行业，推动行业的健康发展。

政府应该加大在文化和旅游政务新媒体发展上的资金投入，将其纳入财政预算，重视政务新媒体传播的技术培训。政府还可以寻求与新浪、腾讯等大型媒体公司以及第三方平台的合作，实现资源共享，并且可以为政务新媒体矩阵的形成提供资金和技术支持。除此之外，政府还可与高校合作培养媒体人才，以推动政务新媒体可持续发展。

政府还要加强引入人工智能、大数据分析等前沿技术与文化和旅游政务新媒体相结合，通过新技术更好地进行信息的收集、分析、创作，打造更符合大众审美需求与信息需求的内容，从而提升内容总体质量。还可以通过大数据分析精准投放，对用户群体进行深度挖掘与拓展。

对于新技术的应用与拓展，除了人工智能的合理应用，政府部门还可以从两点进行出发：一是建设基层信息共享数据库，充分发挥大数据的力量，这是实现信息共享的重要前提；二是搭建信息整合平台，将自身范围所及地区的数据库进行有效的整合，确保信息通畅。值得一提的是，在发展数据共享平台的同时，不要忽视对信息安全的维护，这是重中之重。技术的发展是有两面性的，如果信息被恶意泄露或者遭到破坏，将会给政务新媒体发展带来不可想象的打击。当然，相关的法律法规也要学习并熟知，确保有法可依，促进政务信息的安全共享，使大数据和云计算的功能得到理想发挥。

加强媒体平台与用户的关联度，建立有效的反馈机制；反过来，通过用户不断提升新媒体平台的整体质量。为了加强媒体平台与用户的联系，需要建立多样化的反馈渠道，如在线留言、发送电子邮件等，使用户可以就媒体平台的内容、服务等方面提出意见和建议。

对于用户提出的问题和建议，媒体平台应及时回应，并采取实际行动解决问题。通过回应用户需求，展现媒体平台对于用户意见的重视，增加用户对平台的认同感和参与度；媒体平台定期进行用户调研和满意度测评，了解用户对媒体平台的评价和需求；进行科学的统计分析和数据挖掘，进一步提升平台质量；通过智能算法和数据分析，不断优化内容推荐和个性化定制，提供符合用户兴趣和需求的内容；鼓励用户参与内容生成和互动，增加用户对媒体平台的忠诚度；适时举办线下活动，与用户进行面对面的交流和互动，既促进媒体平台与用户的深度连接，建立有效的反馈机制，不断优化内容和服务，也可以提高平台整体质量，满足用户的需求，提升用户体验。

济南市将丰富全时空、全季节文化旅游产品，发展夜休闲等旅游项目，打造夜旅游经济聚集区。《济南市"十四五"文化和旅游发展规划》（以下简称《规划》）指出：坚持融合发展，加速文化和旅游业与上下游产业协同发展，推进"文旅+""+文旅"，促进产业融合、部门协同、区域联动。推进文博场馆与遗产资源活化转化，创造多元文化业态，打造一批适合现代游客需求的文化旅游产品。加强"商业+文旅"融合发展，以创建国际消费中心城市为契机，推动消费融合创新。促进线上线下深度融合、商品和服务消费互动融合、流通和生产对接融合，打造一批商旅文体联动示范项目，推动商旅文体、游购娱融合发展。

同时，济南将重点建设旅游休闲街区，加快推进"济南泉·城文化景观"世界文化遗产申报工作，培育泉城国际旅游标志区，提升"一湖一环"和"明湖秀"，彰显百年商埠、齐烟九点、鹊华烟雨古城风韵，再现"鹊华秋色图"。《规划》始终把文化产业、旅游产业作为重中之重，注重新型文化业态和文化消费模式谋划，提出培育 100 家大中型骨干文化企业、1000家"专、精、特、新"小微文化企业，建设不少于100个全市文化产业园区（基地）。《规划》还梳理了100个市级重点推进项目、100个市级承办重点文化旅游活动、22类39个国家级文化旅游品牌、26类207个省级文化旅游品牌、10类434个市级文化旅游品牌，作为推动产业高质量发展的重要抓手。

2023年是旅游业全面回暖的一年，济南以"遇见明湖"品牌为核心，持续打造网红项目，打造高辨识度文旅IP，通过梳理联动"游、购、娱、食、享"等消费业态，为消费者构建一站式消费休闲新体验，推动济南文旅产业再上新台阶，为打造"网红城市"注入了更多蓬勃活力。

文化和旅游政务新媒体的语言规范与引导是确保传播的准确性、合规性和有效性的重要措施。文旅政府部门应以准确、权威和可验证的信息为基础，提供事实依据和参考来源，确保发布内容的可信度。应使用清晰简明的语言，将信息以易于理解的方式呈现给用户，并提供简明扼要的摘要和关键词。

文化和旅游政务新媒体应保持公正客观的态度，在信息发布中避免创作者的个人偏见；对于争议性或敏感性问题，应提供多视角和全面的信息，鼓励用户独立思考；与用户进行积极的双向沟通，回应用户提问、意见和建议，并给予合理的解释和反馈，增加用户对平台的信任。

文化和旅游政务新媒体创作者需遵守国家相关法律法规，尤其是涉及言论、版权和隐私等方面。避免传播违法或不符合伦理道德的内容。采用多样化的表达方式，如文本、图片、视频等，以满足不同群体的需求和偏好。同时，鼓励表达多样性，包容不同声音、观点和意见。

总之，新媒体内容的规范化有助于构建更加开放、透明的政府与公众之间的沟通平台。

第二节　提升内容创新与传播能力

随着文化旅游业的快速发展，政府部门越来越注重利用新媒体平台传播文旅信息和提供服务。然而，目前文化和旅游政务新媒体在内容创新和传播能力方面仍面临一些挑战。政务部门应培养多领域的专业团队，包括文化、旅游、传媒等领域的专业人才，并建立相应的培训和职业发展机制；设立专门的部门或机构，负责内容策划、编辑和传播工作，形成专业化的管理体系。

当前，文旅政务新媒体矩阵作用发挥不足。文化和旅游政务新媒体开始精耕细作的发展之后，在矩阵化建设速度方面有所加快，也取得了一定的成果。不过，有一部分文化和旅游政务新媒体在搭建矩阵上仍然浮于形式，只是形成了矩阵结构，但并未发挥矩阵作用，尤其是信息互通的功能不明显。即使处于同一系统中，各单位之间都像"蒙了一层纱"。在这样的状态下，无法形成有力量的舆论场，这对于政务新媒体矩阵发展是非常不利的。

经历了一段时间的探索，目前我国文化和旅游政务新媒体运营已经逐渐走向规范化，绝大多数新媒体平台都能做到每日推送一条甚至多条信息。虽然数量有保证，但从内容来看，同质化现象严重，原创度不高。文化和旅游政务新媒体发布的信息以政务类为主，本身是其功能使然，但由于大部分信息都是政府政策文件，发布内容存在受众面比较窄，与广大人民群众的生活有一定的距离，在很大程度上影响了信息传播的效果。

文化和旅游政务信息在不同的新媒体平台内容同质化严重。从目前网络平台的发展趋势来看，每个平台都有自身独有的特质，所以政府机构入驻平台之后，就要根据平台不同的特质进行异质化内容生产，这是政务新媒体矩阵建立的主要方式和目的。但从发展现状来看，除了少数政务新媒体能够实现异质化发展，许多政府机构在运营政务新媒体时仍采取的是"普适"策略，只是将同一内容在不同的平台传播而已。如何针对不同的发布平台进行相应的内容产出是文旅政府部门需要优先解决的问题之一。

文化和旅游政务新媒体应深化调研和用户需求分析，了解用户对于文旅信息的需求和喜好，以此为基础进行内容创新；通过用户调查、数据分析等方式，收集用户反馈，了解其需求和意见，进一步优化内容；加强合作与资源整合，与文化旅游机构、专家学者、艺术家等相关方合作，共同策划和创作内容，利用各方的专业知识，丰富内容形式和质量，提供更具价值和吸引力的内容。

新媒体平台上宣传的文旅信息，也存在着精准度不高、时效性不足等问题。文化和旅游政务新媒体要结合新媒体的特点，采用多样化的内容形式，如短视频、微电影、VR/AR体验、图文报道等，以满足不同用户的需求和喜好。同时，信息还要注重内容的可视化和互动性，增加用户参与感。创作者通过讲述有温度、有情感的故事，引发用户的情感共鸣和认同感。

文旅政府部门进一步优化传播渠道和推广策略，要想实现在新媒体平台上精准投放相应内容，就要根据用户特征选择合适的传播渠道和媒体，以提高传播效果。同时，结合搜索引擎优化等手段，提升内容在搜索结果中的排名和曝光，增加用户发现和分享的机会。通过互动活动、评论区回复等方式，提高用户参与的兴趣。

美国学者爱德华·霍尔认为，在高语境中，信息存储
多通过其他物质性语境，内化于传播者个人的含蓄表达，
是隐性符码；而低语境是显性的符码表达，依赖符码本身
达到叙事目的。其中，语言是最直接的表达方式。短视频
影像本身就是一种符码，自带语境属性。以短视频为媒介
的城市形象传播打破了以往城市旅游宣传的局限，将视频
重心转移至故事情景处理，以人物为中心呈现画面，讲述
一个故事或描述一个现象。文化和旅游政务新媒体可以利
用用户分享内容进一步提升传播覆盖度与影响力。

文化和旅游政务新媒体如何在众多政务媒体中脱颖而
出？唯有夯实技术支撑，打造自主可控的平台，才能将核
心技术、渠道、用户及数据资源掌握在自己手里，实现导
向引领、互联融合、需求解答、创新发展的文化和旅游政
务新媒体职责和使命。

文旅政务新媒体运营者应不断优化内容生产和发布
机制，夯实技术支撑，持续优化内容生产和传播链。如
提高业务部门生产内容的积极性，优化文旅政府内部信
息供应链；建立策划、采写、编辑、制作、发布、运维
等全环节优化的新媒体内容生产机制；扩大内容选题范
围，围绕城市重大事件、热点时事、舆情应对、公共服
务等维度，探索相同内容不同形式的多平台、多媒介、

多层次的转化传播。

　　媒体融合发展时代，舆论生态、媒体格局、传播方式发生深刻变化，亟须发展智能传播技术体系。智能传播是运用人工智能技术，实现认知影响的过程，包含意识形态、人工智能和传播链条三个圈层。在意识形态圈层，需要建立意识形态知识体系，实现基于知识体系的意识形态细粒度计算量化；在人工智能圈层，需要突破现有基于特异性的内容分析框架，发展基于关联性的新框架；在传播链条圈层，需要建立能够穿透信息茧房、影响用户认知的新技术路径。

　　近几年，政府部门意识到文旅产业的重要性，通过文化和旅游政务新媒体平台来积极开展信息传播和推广工作，以促进旅游业的繁荣发展。然而，随着市场竞争的加剧和用户需求的变化，文化和旅游政务新媒体在内容创新和传播能力方面仍面临一些挑战。传统的内容形式已经不能满足用户的需求。用户对内容、形式的要求越来越多样化，期望通过新媒体平台获取更具创意和互动性的内容体验。此外，用户对内容创新的需求也日益迫切，期待通过文化和旅游政务新媒体了解地方文化、历史遗产和旅游景点等方面的独特故事。

　　文化和旅游政务新媒体同时面临传播渠道的多样化和

竞争激烈的挑战。随着社交媒体平台的崛起，公众获取信息的途径更加多元化，文旅政府部门需要在不同的传播渠道上进行布局，并制定相应的推广策略，以确保内容能够广泛传播，吸引更多用户的关注和参与。文化和旅游政务新媒体在内容创新和传播能力方面也面临技术手段和资源的限制。创新的内容形式需要技术的支持，并且需要投入足够的人力物力资源。政府部门需要在技术更新、人才培养和资源投入方面加强工作，提高自身的能力和竞争力。

在这样的背景下，提升文旅类政务新媒体的内容创新和传播能力显得尤为重要。文化和旅游政务新媒体通过加强合作与资源整合、增加多样化内容形式、强化内容的故事性、优化传播渠道与推广策略、建立互动与参与机制以及数据分析与评估等策略，可以发掘更多的创新潜力，生成更具价值和吸引力的内容，从而进一步推动文旅产业的发展，促进经济增长和区域形象的提升。

面对当前文化和旅游政务新媒体连接不通畅、用户触达不到位的难题，新兴技术能够推动信息内容、技术应用、平台终端共享融通，推动媒介资源、生产要素有效整合，实现政务新媒体跨形式、跨平台的互联互通，最大程度发挥集群效应，不断扩大影响力。智能数字技术的深度开发与应用，极大提高了内容生产领域的创造力和想象力。文旅政府部门借助智能技术，不断更新政务传播的产品形态。智能化、创新性的内容产品可以与传统的图文形成互补，视觉呈现和双向互动上的优势为受众带来了无可比拟的参与感与认同感，开辟了智能政务传播的新路径。

随着智能传播时代的到来，媒介技术不断升级，智能化成为信息传播的主要特征，这也对文化和旅游政务新媒体提出了智能化转型的要求。大数据、人工智能、虚拟现实、云计算等新一代信息技术不断优化，逐渐构建了一个交互性强、技术性强的新的传播系统，改变了传统的传媒业态和格局。文化和旅游政务新媒体应该主动跟上技术发展的脚步，将传播系统从图、文、音、频的传统新媒体系统升级为自动化、数据化、虚拟化的智能化系统，在迎接媒介技术升级挑战的同时牢牢抓住契机，实现自身的智能化转型。

同时，文旅行业"逐浪"数字化，数字技术不断赋能文化艺术创作生产、助力公共文化服务水平提升、驱动文化和旅游业态创新，一幅科技赋能文化和旅游高质量发展的画卷正加速展开。2023年2月，由国家图书馆联合多家单位研发的"《永乐大典》高清影像数据库（第一辑）"发布，其应用三维复原技术，沉浸式展示《永乐大典》四十册、七十五卷内容，并免费向公众开放，促进文化资源全民共享。

加快推动沉浸式产业发展，激发文化旅游消费潜力和引领消费升级，成为国家层面的重要任务。文化和旅游部产业发展司发布了 20 个沉浸式文旅新业态示范案例，涵盖沉浸式演艺、沉浸式夜游、沉浸式展览展示、沉浸式街区／主题娱乐四大领域。在沉浸式文旅产业发展背景下，文旅新媒体如何以文化创意为主导、以信息技术集成为支撑，通过虚拟现实、增强现实、全息投影、智能交互等新一代信息技术与内容创意的深度融合而创造出来的一种高价值传播内容，需要相关部门深入思考、研究。

沉浸式产业是在进入 21 世纪后，全球经济形态从"产品经济""服务经济"向"体验经济"的转变过程中产生的一种全新经济业态，是体验经济的重要体现和发展方向，具有文化和科技高度融合、知识与技术密集、模式新、附加值高等特征，其核心是沉浸式交互体验。

旅游业是国民经济的战略性支柱产业，繁荣的文旅产业对国家经济平稳健康发展的综合带动作用明显，也能极大助力实现人民群众对美好生活的向往。《"十四五"旅游业发展规划》指出，"十四五"时期，我国将全面进入大众旅游时代，旅游业发展仍处于重要战略机遇期。

近年来，旅游景区、博物馆不断打造文化 IP，创新性地推出旅游演艺和互动体验等，在年轻人群体中形成博物馆打卡热、红色景区打卡热等现象。演唱会、音乐会带动区域旅游等，都极大地推动文化和旅游行业的深度融合。文旅大数据、互联网地图智慧导览、全真互联的云旅游等新技术和新场景，也为文旅产业丰富多元发展提供技术支撑，带来了新的想象空间。

近一两年，文旅行业迎来新的"春天"。5A级景区、一级博物馆、国家级旅游休闲街区、知名演艺剧场等文旅场所，基本上迎来全面复苏。同时，文化演艺也复苏强劲。

根据统计，地方特色的传统文化主题旅游"魅力"不减。地方特色文化是独一无二的，每个地方都有自己独特的故事和情感。故事可以涉及地方的历史人物、传统手工艺、民间故事等，文旅政务新媒体应强化传播内容的故事性，通过展现故事，引发公众对地方特色文化的浓厚兴趣。

文化和旅游政务新媒体可以呈现一系列精彩有趣的短视频，展示地方特色文化的独特之处。视频内容可以包括当地民俗风情、传统节日、特色美食、手工艺品等。文旅政府部门可以邀请当地名人和专家介绍、解读地方特色文化。他们可以分享自己对地方文化的理解，讲述相关故事，并提供专业的解读和观点。这样不仅可以增加内容的可信度和权威性，也能够更好地吸引用户。

在短视频平台上，文化和旅游政务新媒体运营者可以通过举办活动，鼓励用户参与地方特色文化的传播。例如，可以组织挑战赛、投票活动或者精彩评论评选等，提高用户的参与度。用户可以制作关于地方文化的创意视频，分享自己的观点和体验，与其他用户进行互动。文化和旅游政务新媒体运营者还可以时刻关注短视频平台上的热门话题和趋势，将地方特色文化与这些话题联系起来，增加内容的传播度和影响力。例如，将地方特色文化与时下流行的挑战或者热门活动相结合，从而吸引更多用户的关注和参与。文化和旅游政务新媒体运营者还能利用短视频平台提供的数据分析工具，了解用户的观看习惯、兴趣爱好和地理位置等信息，从而有针对性地制定推广策略。

"济南市文化和旅游局"短视频平台除了深耕优质文旅短视频内容，还积极利用热门话题提升短视频传播效果。例如，"济南市文化和旅游局"抖音号积极参与"#2020年终笔记"话题活动，斩获该话题"十大人气账号奖"和"话题积极参与奖"，作品《价值1999元的跑马岭射击套餐体验第二弹》荣获该话题"最受欢迎单条视频奖"。

文化和旅游政务新媒体在传播内容时还应注重用户对场景化的需求。无论是旅游中的出行、消费等环节，还是景观、文化等旅游内容，在游客的认知和行为中都以"场景”的形式存在。场景首先体现为旅游情境与意象，是区域文旅形象建构的重要部分。旅游意象理论总结了城市意象的组成：道路、边缘、区域（街区）、节点和标志物。其中的"标志物"要素在移动媒体时代具有广泛的借鉴意义，如"旅游打卡"即是一种场景化的、基于"标志物"的旅游行为和分享偏爱，具有线上口碑传播效应和低投入高产出的性价比。文化和旅游政务新媒体的建设是关于"媒介印象"的建设，应该利用好城市文化旅游资源，策划和打造主题化的文旅情境与地方意象，提炼与设计各主要旅游场景的"标志物"，对游客、新媒体用户"植入"印象，并助推"媒介印象"成为游客认知维度的品牌印象和行为维度的消费印象，以此"破圈"。

除了内容层面的"场景"要素建构，在运营层面，"场景"更具有传播张力。学者提出旅游场景的整合概念，相较于工业社会既有三个概念的认知视角及相关研究，有了进一步延伸：时空上的场景化、体验上的泛在性、建构上的在线契合。① 新媒体专家认为，场景是移动互联网时代媒体的核心要素；不仅仅要理解特定场景中的用户，还要能够迅速地找到并推送出与他们需求相适应的内容或服务。

---

① 夏蜀，陈中科.数字化时代旅游场景：概念整合与价值创造[J].旅游科学，2022（3）：3-4.

对相关信息或服务的发现、聚合与推送能力，也决定着适配的水平。文化和旅游政务新媒体的运营应该考虑用户此时此地的位置及相应的行为、目的与需求。如游客在搜索"民宿"关键词时，后台根据其现在所处的位置模拟其到达方式与路途需求，进而为游客提供相应的旅游行动参考；同时，再根据其目的地的场景与行为特征，进一步预测和关联后续的文旅场景与需求，搭建起链条式的运营服务。

从"互联网+"到"智能+"，线上线下融为一体。整体上，AI赋能在文旅政务新媒体发展过程中的作用集中体现在技术促进媒体的迭代更新，从过去的"互联网+"，走向智能创新、融合发展。物联网采集、无人机拍摄、机器人写作、5G传输等概念性技术应用越来越广泛，在提升生产效率，创新产品形式的同时，也为媒介融合提供了跨越式发展。人的智能和人工智能共同参与内容生产与信息传播。传统的新闻传播主要依靠人的智能来生产内容，依托人的主观能动性来进行信息的传播；而智能传播时代最核心的变革之一就是人的智能与人工智能共同参与信息传播活动。

第三节 完善监管与评估体系

文旅政府部门应建立一套完整的机制来保障文化和旅

游政务新媒体服务质量并监督其运行，例如建立数据分析和监测机制来监督平台信息发布质量，通过定期的调研和反馈机制加强信息发布内容的主题优化，建立完善的响应机制和应急预案。

组建一支专业的文化和旅游政务新媒体团队，由有相关经验和知识的人才组成。团队成员应具备广泛的专业知识和实践经验，能够准确、全面地传达相关信息，提供精准的答复和指导，以确保信息的准确性和专业性；建立明确的流程和责任制度，确保信息发布、互动回复等环节的高效运作。明确各个环节的职责和工作流程，确保信息准确传递、及时回应用户的问题和反馈。此外，建立信息审核制度，确保发布的信息真实和正确。在发布前由相关负责人进行信息审核和验证，避免发布虚假错误信息。

文化和旅游政务新媒体团队应定期进行内部质量评估，以确保所发布的信息质量稳定和可持续。在高质量信息发布的基础上，建立用户反馈渠道，鼓励用户提供意见和建议，定期收集用户反馈，并及时响应和处理。通过用户反馈，改进服务质量，提高用户满意度；建立改进机制，及时调整和优化工作流程和服务方式；建立数据分析和监测机制，对新媒体平台的活跃度、信息传播效果、用户满意度等进行监测和分析。

文化和旅游政务新媒体团队要和其他团队建立高效的沟通协作机制。有效的沟通和协作能够更好地整合资源，提高工作效率和服务质量。

文旅政府部门通过建立全面的新媒体运营管理机制，能够更好地保障服务质量，提供准确、专业、及时的信息和服务，从而满足用户需求，提升政府机构的形象和公信力。

文旅政府部门对文化和旅游政务新媒体进行运营监督和内容管理，可以从以下几点入手：第一，严格控制好信息的发布工作，建立政务新媒体管理方案，促进信息发布工作规范化，做好内容审核，坚持分级分类，从政策、法律等方面为政务新媒体的发展提供坚实的制度保障；第二，为促进政务新媒体的规范管理，可以指派工作人员对所管辖区域的媒体平台或者账号进行汇总，建立起相应的数据库，对账号进行集中管理；第三，应完善文化和旅游政务新媒体账号开设、变更、关停等流程，加强对政务新媒体的指导，并定时向相关单位汇报文化和旅游政务新媒体的运营状态，分析存在的问题，针对性地寻找解决措施，避免出现"僵尸号"现象；第四，重视信息安全，加快完善信息审查和保密制度，准备应急预案，做好账号密码管理，以免被恶意盗号。第五，还应该提升监测预警和应急处理能力。

在信息时代，文化和旅游政务新媒体已经成为优化政府公共服务、提高群众满意度和增强政府公信力的重要途径。而文旅行业作为民众生活中不可或缺的部分，需要为民众提供更多丰富、全面和高质量的服务，提高影响力和竞争力。

文旅政务新媒体应具备危机事件处理和舆情应对能力。在当下，文化和旅游政务新媒体在矩阵发展过程中应对突发事件的能力有待增强。面对突发事件，要做好应急预案和舆情应对工作，做到防患于未然，掌握主动，避免出现手足无措的情况。为了健全舆情预警和应急合作机制，首先，文化和旅游政务新媒体需要建立舆情指挥中心，发挥领导、协调作用；其次，文化和旅游政务新媒体要结合本地区发展的实际，对可能发生的事件或者敏感问题进行合理的预判，借助文化和旅游政务新媒体矩阵，协调地方政务新媒体部门共同解决舆情困境，确保政府部门的工作正常运行；最后，文化和旅游政务新媒体还需要健全网络应急管理机制，一旦发生突发状况，可以科学有序地处理危机，不至于陷入被动境地。如可采用信息交流会、记者沟通会、舆论咨询会等形式联合各部门，引导舆论朝着良好的态势发展，引导群众以客观冷静的态度分析和处理问题。

在危机事件发生后，文化和旅游政务新媒体应立即反应并迅速采取行动。确保在第一时间发布正式声明，说明事件的真相和相关处理措施；建立公开、透明的沟通平台，为用户提供一个可以直接联系的渠道，通过互动回应用户的关注和质疑，主动与用户沟通，解答疑问，提供准确的信息，避免信息的不确定性和误导；还要细致调查和了解事件的全貌，并采取必要的措施解决问题，避免舆情继续扩散。

文旅政府部门应密切监测各大社交媒体平台上的舆情反应和用户评论，及时回应用户提出的质疑，从而更好地了解公众对事件的意见和态度；根据危机事件的特点和影响范围，制定相应的应对措施，例如公开道歉、赔偿方案、调整政策等；还可以寻求专业机构的帮助，进行危机公关的策划和执行；对危机事件进行严肃的分析和评估，总结经验教训，并改进相应的管理和运营机制。总之，文旅政府部门需要始终保持公开、透明和负责的态度，积极采取行动并及时调整策略，维护公信力。

"网络强国""数字中国""智慧社会"等理念为我们勾画出未来的发展蓝图。5G、人工智能和大数据等新基建将带来人机共生的技术和内容生态的革新，也在一定程度上助推了数字智能化时代的全面到来。未来的信息交换更加频繁快速,信息和事件的传播力和影响力都会被大大增强,这将进一步给文化和旅游政务新媒体发展带来更大空间。一方面,将文化和旅游政务新媒体与智能技术相叠加,智能技术为文化和旅游政务新媒体的发展插上了翅膀,打造智能文化和旅游政务新媒体将会成为未来政务传播创新发展的新方向。另一方面,人工智能与 5G 和物联网等技术不断融合发展,使智能泛在、万物互联。人工智能技术不断嵌入人类生产和生活之中,并显示出强大的功能。在政务领域,人工智能为深化政府治理改革提供了技术支持,公共部门开始越来越多地运用人工智能技术改善公共服务、提高服务效率、节约人力成本、促进公民参与、预防城市风险等。

文化和旅游政务新媒体要做好网络语言引领示范。网络空间的开放性以及新媒体的"一触即发",正在模糊公共领域与非公共领域的界限。网络造词景观作为社会生活的一部分,是结构、性情、行为三者交互作用的结果,不仅承载着与社会环境共变的观念力与情感力,而且提供了映射当下社会结构和这些结构的具体化知识,催生了特定群体的心理和情感认同,这些认同反过来又影响其所依存的社会结构。对此,我们要警惕网络热词,特别是低俗语言"倒灌"语言规范体系。

目前对新媒体语言的监管相对薄弱，我国关于规范语言文字使用的法规主要是《中华人民共和国国家通用语言文字法》，但并未提及对新媒体语言的"监管"。在这场语言保卫战中，具有公共属性且数量庞大的政务新媒体，应当发挥示范引领作用，要做到远离粗鄙、低俗、浮夸的语言，避免让受到污染的网络语言、暴力语言等进入公共领域，做好对有生命力的网络语言的传承，守护好语言规范的"堤坝"。文化和旅游政务新媒体要注重语言的规范性和准确性，避免使用网络暗语和不当用语；使用标准的汉语表达和专业术语，让用户感受到平台的专业性和严谨态度；适当地运用一些流行词汇，可以增加与年轻用户的互动，提高阅读量。然而，过度使用或错误地使用一些词汇可能会被人误解或产生负面影响，因此要谨慎使用。

文化和旅游政务新媒体应提供丰富多样的表达方式，如图片、动图、短视频等，增加吸引力和可读性。一方面，文化和旅游政务新媒体可以用图表、短视频等形式来解释政策，通过生动形象的表达方式使用户更易理解与接受。另一方面，文化和旅游政务新媒体还要关注社会热点与话题，以引起广大用户的关注。

文化和旅游政务新媒体应该充分发挥示范和引导作用，

引导用户进行理性的网络互动，鼓励用户提出问题和建议，积极回应并提供专业指导和解答。文化和旅游政务新媒体不仅要遵守社交媒体的规则，还要引导用户在互动中传递积极、有益的信息，营造良好的网络环境。文化和旅游政务新媒体在网络语言引领示范中展现专业性、规范性和创新性，以便更好地吸引用户、传播信息，并塑造良好的网络形象。

结　语

　　现代科技的发展带来了生产力的提升和生产方式的变革。新质生产力从根本上改变了人类社会的生产方式和劳动形态，人们通过创造性劳动，不断创造价值并提升生产效率。媒体行业也正在经历新质生产力的赋能升级过程。

　　文化和旅游政务新媒体通过技术创新和多样化的内容形式，利用先进的数字技术和新场景，在内容制作、传播方式和用户参与等方面进行创新。

　　随着互联网技术的发展，文化和旅游政务新媒体经历了革新，其即时性、互动性、可视性、全球性等特点，极大地方便了人们获取文旅信息、传播文化思想和交流互动等活动，彻底改变了人们获取和传递信息的方式。通过社交媒体，个人可以随时随地发布自己的观点、分享自己的经历、与他人沟通互动。

文旅政府部门应拓展文旅政务新媒体深度融合实践新空间，培育新型主流媒体的新质生产力，以新技术为契机，重新定义 AI 时代的移动互联直播；以新 IP 为抓手，重塑主流声音的权威性与公信力；以新叙事为手段，实现新型主流媒体与公众的密切联系；以新架构为突破，构建开放合作的新型主流媒体生态系统。

随着科技的不断发展，传统的生产方式和媒体传播方式正在发生着深刻的变革，我们将会迎来一个更加高效、智能的世界。